Una Vida de Indagación

Contemplaciones Semanales

Una Vida de Indagación

Contemplaciones Semanales

❦

Laura Duggan

Traducción:
Alfredo Galindo y Carola Garcia

Nicasio Press • Freestone, California

Copyright © 2009 by Laura Duggan

Los derechos de autor de todas las citas y referencias pertenecen a las editoriales que figuran en la lista de Referencias.

Todos los derechos reservados

Nicasio Press
Freestone, California
www.NicasioPress.com

Para suscribirse a futuras contemplaciones por email, visite:
www.inquiringlife.com

Traducción: Alfredo Galindo y Carola García

Este libro está escrito en estilo Trajan Pro y ITC Garamond.
Fotografía de portada © 2008 Constance King
Diseñado por Constance King Design

ISBN: 978-0-9818636-2-7

En gratitud a mis maestros
por su gracia e inspiración

"Hay cuatro guardianes en la puerta
de entrada al reino de la libertad:
el autocontrol, el espíritu de indagación,
el contentamiento y la buena compañía.
El buscador sagaz debería, diligentemente,
cultivar la amistad con ellos".

El Yoga Vasishta

INDICE

Introducción 1
La meditación: conceptos básicos 5

CONTEMPLACIONES

1: La práctica de la apreciación 16
2: El poder del sonido 18
3: Contribución a los demás 20
4: Sin preferencias 22
5: Amor y miedo 24
6: Un día de descanso 26
7: Lidiando con los obstáculos 28
8: Lo humano y lo divino 30
9: Resistiendo en las dificultades 32
10: La delicadeza 34
11: Eligiendo lo beneficioso 36
12: Motivación 38
13: Abandonando las comparaciones 40
14: La influencia del ego 42
15: Aceptando a los demás 44
16: Una vida interior 46
17: Trabajando con la energía 48
18: El Cambio 50
19: Realineando 52
20: La vida diaria 54
21: Reconectando 56
22: Responsabilizándonos 58
23: La tranquilidad 60
24: Escoger el amor 62
25: El perdón 64

26: Los reinos interiores 66
27: La amistad noble 68
28: El esfuerzo y su ausencia 70
29: El alineamiento perfecto 72
30: Enciende la luz 74
31: Hábito y disciplina 76
32: La flexibilidad 78
33: Abandonando las discusiones 80
34: Sin quejas 82
35: La vida del rocío 84
36: El amor incondicional 86
37: Abrirse a la paradoja 88
38: El anhelo 90
39: ¿Qué es real? 92
40: La delicadeza y el amor 94
41: Estar presente 96
42: La aventura de la vida 98
43: Conoce la oscuridad 100
44: Ver lo que es 102
45: Déjalo estar 104
46: Hazte amigo de ti mismo 106
47: Liberando pensamientos 108
48: El contentamiento 110
49: Conversación divina 112
50: Pensar bien 114
51: Tres preguntas 116
52: La relación divina 118

Bendiciones Finales 121
Bibliografía y referencias 123
Índice de citas 127

Una Vida de Indagación

Introducción

"Una vida sin ser examinada, no vale la pena ser vivida", así lo declaró Sócrates ante una corte de jueces en el año 399 a.c. Con gran convicción, Sócrates afirma así su responsabilidad de pasar sus días discutiendo y examinando la bondad y otros temas. Y añadió que esa actividad es "verdaderamente lo mejor que un hombre (o mujer) puede hacer". Casi dos mil años más tarde, yo estoy de acuerdo de todo corazón.

La contemplación y la autoindagación han sido parte de mi propia vida espiritual desde hace más de treinta años, como un complemento a mi práctica diaria de meditación. Las palabras "contemplación" y "autoindagación" pueden considerarse como dos partes del mismo proceso. Yo utilizo la autoindagación para hacerme preguntas: ¿Quién está sintiendo esta emoción? ¿A dónde me conduce este pensamiento? ¿Qué es lo real? ¿Cómo entiendo esta enseñanza? Utilizo la contemplación para sentarme en silencio y dejar que las respuestas surjan desde mi interior.

Cundo contemplo las enseñanzas espirituales que leo, se convierten en parte de mi vida diaria, de una forma real y transformadora. Cuando aplico la contemplación y la indagación a mi práctica de meditación, puedo observar el efecto de la meditación en lo que ocurre en mi día. Al aplicar la contemplación y la autoindagación a las emociones y pensamientos, comienzo a experimentar la liberación de las ataduras mentales y emocionales.

Hace unos años comencé a compartir, por correo electrónico, mi práctica de la contemplación, con un pequeño grupo de amigos y amigas que lentamente creció hasta varios cientos de personas. La respuesta a estas contemplaciones por correo electrónico, ha sido muy estimulante. La gente comenta con frecuencia la sincronización entre la contemplación y las circunstancias por las que atraviesan en sus vidas. Esas contemplaciones han sido recopiladas en este pequeño libro y las ofrezco como una ayuda en tu práctica espiritual personal.

Es preferible leer una contemplación cada vez y dejar un intervalo de **una semana** entre cada lectura. No están organizadas en un orden específico, así que las puedes leer en orden o como prefieras. Algunas contemplaciones que se relacionan con alguna festividad o estación particular del año, pueden ser apropiadas en cualquier momento. Quizá descubras que ya solo las citas te llevan en una dirección completamente nueva. Te animo a que utilices las citas como un trampolín para tu indagación.

Aunque mi formación espiritual personal se basa principalmente en la tradición yóguica de la India, este libro, intencionadamente, no está adscrito a ninguna corriente específica. Las citas utilizadas como base para las contemplaciones, se han elegido de entre una gran variedad de tradiciones y autores, como una manera de reconocer que todas las tradiciones espirituales verdaderas apuntan en la misma dirección, aunque los métodos puedan diferir.

Muchas de las contemplaciones se centran en algún aspecto particular de la meditación o de una práctica espiritual asociada. En el caso de que aún no medites, se han incluido unas instrucciones sencillas al comienzo del libro. Sin embargo, no hay nada comparable a aprender a meditar bajo la dirección de un maestro de meditación. Te animo a que busques un maestro si aún no practicas la meditación.

Que el proceso de contemplación y autoindagación te lleve hacia una libertad interior siempre mayor.

Con amor,
Laura

Conceptos Básicos Sobre La Meditacion

¿Qué te parecería sentirte como si estuvieras enamorado todo el tiempo, sin importar las circunstancias externas? Con estas palabras, hace treinta años, fui invitada a comenzar una práctica de meditación. La promesa me parecía demasiado buena para ser cierta, pero tocó el anhelo más grande de mi corazón: vivir en un estado de plenitud y bienestar que yo asocio con estar enamorada.

Mirando años atrás, esa promesa se ha logrado de muchas maneras. No es que esté todo el tiempo sintiéndome enamorada, sino que, con más frecuencia cada vez, el sentimiento de amor incondicional surge espontáneamente: al ver una flor, al oír el vuelo de un pájaro, al recibir la llamada de un amigo o simplemente, al sentarme en silencio a meditar.

Fundamentalmente lo que he aprendido es que el amor no es algo que exista fuera de mí, sino que surge desde mi interior cuando no está bloqueado por los pensamientos o emociones. La meditación es el camino que conduce a la fuente del amor, un amor que viene y no se va.

Aunque accedamos a ese amor de una manera constante o no, una vez que conocemos el lugar interior del amor, nunca estamos lejos de él.

¿Qué Es La Meditacion?

La meditación no se limita a una cultura o tradición en particular. Casi todas las tradiciones espirituales incluyen alguna forma de práctica meditativa. La práctica de la meditación puede ser algo tan simple como observar tu respiración o algo tan inmenso como experimentar la esencia infinita de la vida.

En última instancia, la meditación transforma tu vida diaria y, aún así, en su esencia, es algo muy simple. El Salmo 46, verso 10, lo expresa de forma muy concisa: "Aquiétate y conoce que yo soy".

En el siglo IV, el gran sabio y yogui hindú, Patanjali, describió la meditación como la atención ininterrumpida en un objeto de concentración. Todos nosotros tenemos esa capacidad de concentración. La utilizamos diariamente al conducir, en el trabajo, o simplemente cuando mantenemos una conversación. En la meditación, dirigimos nuestro poder de concentración hacia dentro.

La Meditación Como Un Estado

La meditación también define el estado mental que alcanzamos con la práctica. Este estado de meditación es una capacidad innata, de la misma manera que tenemos la habilidad de entrar en un sueño profundo o en un estado mental de ensoñación. Un estado meditativo es aquel en el que estamos despiertos, concentrados, conscientes, sin que nos perturbe lo que sucede en el exterior.

En este estado meditativo natural, nos relacionamos con el mundo de una manera amable y auténtica, estando presentes en lo que está pasando, y libres del peso de los conceptos y temores sobre el pasado o el futuro. Esta capacidad se desarrolla con la práctica formal de meditación.

RELAJACIÓN

En el mundo de hoy, la gente medita por diferentes razones. Una de las razones es, sencillamente, para aprender a relajarse. Haz una pausa en este momento, antes de seguir leyendo y, simplemente, inhala y exhala profundamente unas cuantas veces. Haz tres respiraciones profundas.

Observa qué te ocurre al hacerlo. Inevitablemente, cuando te enfocas en la respiración, el resultado es un grado mayor o menor de relajación. La meditación trae consigo una profunda relajación

LA MENTE Y LA MEDITACIÓN

Más allá de la relajación, meditamos para trabajar con la mente. La mente puede ser nuestro mayor obstáculo en la meditación y en nuestra vida diaria hasta que la entendemos. A través de la meditación empezamos a separarnos de nuestros pensamientos y a reconocer que no somos nuestra mente, y que ella no nos controla. En vez de ello, nos ponemos en contacto con el poder que hace que la mente piense. Tenemos mayor poder sobre las fluctuaciones de la mente.

¿Quién Eres Tú?

En última instancia, meditamos para saber quiénes somos realmente, en lo más profundo de nuestro ser. Los budistas lo llaman *buddhanature* (naturaleza de Buda); en la tradición yóguica de la India se llama el Ser; en otras tradiciones se llama Espíritu. La verdadera fuente del amor se encuentra más cerca que nuestra propia respiración. Esta atención imperturbable, o conciencia, ha estado con nosotros en todas las épocas y circunstancias de nuestra vida.

Puede que digamos: "Estoy enfadado. Tengo miedo. Soy un abogado. Soy padre". Independiente de las emociones que sintamos o el papel que desempeñemos en la vida, el "yo soy" es el mismo. Esta eterna presencia siempre está ahí y, a través de la meditación, podemos experimentar su naturaleza de dicha y conciencia. Cuando meditamos, nuestra naturaleza innata se manifiesta.

Al seguir practicando, sus beneficios se integran en nuestra vida diaria: relajación, maestría sobre nuestros pensamientos y una sensación de libertad interior. Empezamos a tener acceso a nuestra propia creatividad y a reconectarnos con nuestra propia fuente de amor.

Conceptos Básicos

Para aprender a meditar bien, es esencial asistir a una clase, encontrar un profesor o, por lo menos, tener acceso a alguno de los excelentes libros que enseñan meditación. La meditación es digna de estudio, al igual que puedes estudiar arte o música. Encuentra a alguien experto que pueda guiarte. Las breves claves que aquí señalo son para motivarte a comenzar.

La meditación incluye tres aspectos:
- Postura: cómo sentarse.
- Enfoque: dónde dirigir la atención.
- Trabajo mental: cómo manejar los pensamientos.

Postura

Sentarse a meditar significa adoptar una postura que te permita estar alerta y presente. La postura tradicional es en el suelo, con las piernas cruzadas y con la espalda estirada hacia arriba. También es posible meditar bien en una silla.

En cualquier caso, asegúrate de que el asiento sea firme y cómodo. Encuentra la manera de estar relajado y alerta. Imagina un hilo que suavemente dirige tu cabeza hacia arriba.

Puedes mantener los ojos cerrados o abiertos. Si los tienes abiertos, deja la mirada relajada y como sin enfocar, sin mirar o fijar la vista, simplemente con los ojos abiertos mirando con suavidad al frente. Con los ojos cerrados, necesitas hacer un mayor esfuerzo para permanecer presente y no caer en los pensamientos o en el sueño.

Se puede cambiar de posición durante la meditación. Moverse no significa que lo estés haciendo mal. Simplemente sigue alerta mientras cambias de posición. Si sientes dolor en las piernas o espalda, es mejor ajustar la postura que meditar en el dolor.

Enfoque

La manera más sencilla de meditar es enfocar la atención en la respiración. No es necesario modificar la respiración, simplemente observa cómo entra y sale.

Una manera de mantener la atención sobre la respiración es sentir la respiración en tu cuerpo. ¿Dónde sientes la respiración? La nariz, el pecho o el abdomen, son zonas en las que es fácil sentir cómo el aire entra y sale. Pon la atención allí donde sientas la respiración. Este lugar puede variar cada vez o incluso de una respiración a otra.

Enfocarnos en la respiración nos mantiene presentes en este momento. Cuando estamos atentos a la respiración, no nos perdemos en los pensamientos.

¿Qué quiere decir estar atentos a la respiración? Un ejemplo sencillo es pensar cómo haces una tarea concreta, como sacar los platos del lavaplatos. Puedes tener la mente en lo que vas a hacer después de terminar tu tarea (hacer la cena, poner más platos en el lavaplatos o ir al cine), o puedes tener la mente totalmente enfocada en sacar los platos y ponerlos en su sitio.

Con la respiración, tienes la misma opción. Puedes respirar y al mismo tiempo pensar en otras cosas, o puedes estar presente con cada respiración. Cada momento se convierte en ahora, ahora, ahora... existe la respiración ahora, y la respiración ahora. Puede que incluso surja en ti una sensación de atemporalidad cuando haces esto.

El trabajo con la mente

El descubrimiento más importante al que puedes llegar a través de la meditación es que tú no eres tu mente ni tus pensamientos. Tú eres aquel que tiene una mente, aquel que tiene pensamientos.

Piensa en ello de esta manera. Tu dices: "mi camisa, mi sombrero, mi coche ..."pero nunca se te ocurre que tú y tu camisa son lo mismo. Si tu camisa está sucia, no piensas que tú estas sucio; si tu coche tiene una abolladura, tú no piensas que tienes una abolladura. De la misma manera podemos decir "mi mente, mis pensamientos". Si tu mente está como loca o tus pensamientos suben y bajan, no eres tú el loco ni tampoco tú el que sube y baja.

En la meditación aprendemos a romper la identificación con la mente y los pensamientos; entonces, no importa si la mente esta triste o contenta, aburrida o no, tranquila o acelerada, podemos mantener nuestra estabilidad y libertad innatas. En la meditación, no nos preocupan nuestros pensamientos; practicamos dejándolos que aparezcan y desaparezcan sin que nos causen distracción.

Cuando los pensamientos nos distraen, con tan solo ponerles un nombre o dejarlos estar, desaparecerán. Cuando Buda se iluminó, Mara, el gran demonio, se le apareció una y otra vez con diferentes disfraces, con la intención de sacar a Buda de su estado. En cada aparición, Buda tocaba el suelo y decía: "Yo te conozco, Mara". Y de esa forma de Mara desaparecía.

Lo mismo podemos hacer nosotros con los pensamientos. Reconozcamos con un nombre a cada pensamiento que nos quiera alejar de nuestra conciencia relajada de meditación: "Te conozco, falta de auto estima. Te conozco, perfeccionismo. Te conozco, aburrimiento". Al reconocerlos por su nombre, en lugar de luchar contra ellos, los pensamientos se calman.

El problema es que pensamos que nuestros pensamientos son tan interesantes que nunca se nos ocurre que puede haber algo más atractivo debajo de ellos. Todo lo que deseamos — paz, tranquilidad, amor — está ahí mismo, una vez que logramos ir más allá de los pensamientos.

La clave está en no involucrarse con un pensamiento, en no juzgarlo o luchar para que se vaya, sino simplemente reconocer que estabas pensando y seguir adelante. Un maestro tibetano lo describe de esta manera: "No prolongues un pensamiento previo. No provoques el siguiente o futuro pensamiento. Descansa sencillamente en la naturaleza de la conciencia nueva del momento presente".

Si logras hacer esto, aunque sea por unos instantes, te sorprenderás de la sensación de fuerza interior que surge de esta simple práctica.

Empezar A Practicar

Te puede ser de gran ayuda dedicar la misma hora del día para meditar. Si es posible, elige un lugar limpio y acogedor que puedas utilizar para meditar cada día. Mantener la misma hora y lugar, te ayuda a crear el hábito de meditar.

Comienza meditando unos quince minutos cada día. Puedes utilizar un cronómetro e ir aumentando el tiempo a medida que te familiarices con la meditación. Reserva un cuaderno para tu práctica de meditación. Después de cada sesión, anota qué ocurrió durante la meditación.

Así como sucede con cualquier otra disciplina, como la música o el arte, necesitas mantener viva la inspiración para que tu práctica de meditación se mantenga durante toda la vida. La inspiración puede venir de diferentes maneras: leyendo libros espirituales, recordando tu intención, reuniéndote con otros meditadores; todo te ayuda a renovar tu espíritu. De vez en cuando, déjate inspirar por las personas que ya han pasado por este camino y saben a dónde lleva. Como dice un antiguo proverbio zen: si quieres conocer el camino que lleva a la montaña, pregúntale al que lo sube diariamente.

Me gusta pensar en la meditación como un acto de amabilidad que nos dedicamos diariamente a nosotros mismos. Es una manera de crear un refugio interior contra las tempestades de la vida y de nuestra propia mente. Concédete este regalo.

Que tus meditaciones estén llenas de quietud y luz.

Contemplaciones Semanales

1
Cada día es un buen día
Um-mon Zenji, maestro zen.

En mi casa, en la pared, cerca de las escaleras, hay un cartel escrito a mano que dice: "Buen Día". Es un fragmento de un koan del gran maestro chino Zen Um-mon del siglo X quien declaró: "cada día es un buen día". Sin embargo, el koan no explica cómo se hace para que cada día sea un buen día. Hace poco descubrí una posible respuesta: la práctica de la apreciación.

El otro día, me desperté pensando en todo lo que tenía que hacer para recibir bien a unos huéspedes que llegaban ese día, y se me hizo una carga. Estaba resentida, me sentía un poco "víctima". Entonces recordé una conferencia que había escuchado el día anterior sobre la práctica de la apreciación.

El profesor hablaba de cómo, algunas veces, comenzamos el día con el sentimiento de que algo nos falta en nuestra vida y, durante el día, vamos descubriendo que nada es lo suficientemente bueno. La comida es mala, nuestros amigos nos molestan; lo que sea. Sin embargo, si empezamos el día haciendo una corta contemplación apreciando las cosas que tenemos en la vida, esto nos pone a tono para el resto del día. Nuestra mente se reorienta. Enumerar esas cosas puede ser muy simple: nuestra respiración, nuestra cama, poder dormir en una cama en una casa. Y la lista puede aumentarse con otras cosas que apreciamos en nuestra vida.

Así que, antes incluso de levantarme de la cama, mentalmente (y casi sin ponerle todo el corazón, lo admito) hice recuento de algunas de las cosas que aprecio en vida. Después, revisé de nuevo el día que tenía por delante y me quedé totalmente sorprendida del resultado: la sensación de agobio había desparecido totalmente. Me di cuenta de que entonces sí que me alegraba de que vinieran visitas y que estaba encantada de hacerles sentirse cómodos. También me di cuenta de que no necesitaba ser perfecta al darles la bienvenida. Al sentir mi propio contentamiento, no necesitaba complacer a alguien más para sentirme feliz. Ya estaba feliz. Creo que lo más importante de todo fue darme cuenta de que mi estado emocional y mental dependían totalmente de mí. El pequeño esfuerzo que hice, se tradujo en un gran cambio en mi estado de ánimo.

Esta es la contemplación que propongo para la próxima semana. Al comenzar con tu práctica de meditación, tómate un par de minutos después de colocar tu postura, para contemplar las cosas que aprecias en la vida. Permítete sentir ese aprecio y deja que se haga más profundo y te llene. Después, sigue con tu práctica normal. Observa si la práctica de la apreciación puede hacer que cada día se convierta en un buen día.

2

*Date un baño de música una o dos veces
por semana durante un tiempo,
y descubrirás que esto es para el alma
lo que el baño de agua es para el cuerpo.*

Oliver Wendell Holmes

La semana pasada, me llamó la atención una charla titulada "Música para sanar" que ofrecían en el hospital local. El orador citó un gran número de investigaciones que se habían llevado a cabo sobre los efectos del sonido puro en el cuerpo físico. Un paciente que había estado un poco deprimido y fatigado, recuperó su energía simplemente entonando sonidos. Al oírlo, algo en mí se despertó de repente. Recordé el nivel de fatiga que sentía desde hacía unos meses. Inmediatamente supe por qué.

Durante más de veinte años he cantado casi todos los días. Hace unos meses, pensando que no estaba dando ningún resultado especial, dejé de cantar. Ahora me doy cuenta de que, desde que dejé de cantar, mi nivel de energía ha ido disminuyendo cada día más. Entendí también por qué últimamente me he sentido atraída a escuchar música clásica. Mi alma estaba buscando sustento.

Rudolf Steiner, un gran filósofo y educador alemán dijo: "Cuando el ser humano escucha música, siente bienestar porque esos tonos armonizan con lo que ha experimentado en el mundo de su hogar espiritual".

♃

Durante la próxima semana, te invito a experimentar con el sonido o la música como parte de tu meditación, todos los días. Puedes escuchar a Mozart, cantar sílabas sagradas o simplemente cantar una nota. Hazlo regularmente y observa si al final de la semana, sientes alguna diferencia en tu estado físico, mental o emocional.

Que el canto te proporcione un gran deleite.

3

Estamos de paso en este planeta. Estamos aquí durante noventa o cien años como máximo. Durante ese tiempo, debemos intentar hacer algo bueno, algo útil con nuestra vida. Si contribuyes a la felicidad de los demás, encontrarás el objetivo verdadero, el significado real de la vida.

Su Excelencia el XIV Dalai Lama

La semana pasada, tuve la oportunidad de asistir a un programa de enseñanzas de dos días guiado por Su Santidad el Dalai Lama. La última tarde nos dieron una tarjeta de "bendición" del Dalai Lama que incluía las palabras de la cita anterior. Hay tanta sabiduría en esas frases.

El comienzo de esta cita me hace consciente de nuestra mortalidad. No tengo idea de cuándo ni cómo terminará la vida, ni en mi caso, ni en el caso de mis seres queridos. Al mismo tiempo, no es un pensamiento que me deprima, sino, por el contrario, me anima. Me anima a aprovechar cada día al máximo. Sin embargo, surge entonces una pregunta: ¿cómo logro hacer eso? Sus palabras nos ofrecen una posibilidad: ayudar a los demás.

El final de la cita parece venir de la propia experiencia del Dalai Lama. Su vida entera es servicio. Él transmite una profunda convicción de que las enseñanzas budistas que presenta, pueden ayudar a la gente a poner fin al sufrimiento y lograr la felicidad.

Para mí, esta cita apunta hacia la cuestión de soltar tanto el exceso de apego, como el exceso de aversión. "Abrigar" nuestras preferencias es aferrarnos demasiado a ellas. Así la vida en el mundo se hace difícil. Hacer lo contrario, olvidarnos de las preferencias, es darse cuenta de que el mundo puede ser perfecto tal como es.

ॐ

Te invito a investigar cómo tus preferencias dan forma a tu vida. ¿Te impiden estar abierto a lo que está ocurriendo? Haz este experimento durante un día: conscientemente, deja ir todas las expectativas sobre lo que ocurrirá ese día. Mantente totalmente abierto a cualquier cosa que surja y observa qué sucede.

La meditación es también un momento perfecto para dejar ir las preferencias. Sin importar la idea que tengas sobre una meditación perfecta, observa si eres capaz de aceptar lo que suceda en la meditación y deja que tus preferencias se disuelvan. Quizás seamos algo más que nuestras preferencias, después de todo.

5

> *El miedo siempre distorsiona nuestra percepción y nos confunde sobre lo que está pasando. Amor es la total ausencia de miedo.*
>
> Gerald Jampolsky, *Love is Letting Go of Fear*.

El otro día, casi sin darme cuenta, sujeté a mi gato cuando vi que el gato del vecino estaba entrando en nuestra propiedad. Mi gato quería estar suelto y, de repente, volvió la cabeza hacia mí y me bufó con toda su fuerza, como lo habría hecho a un enemigo o a un total extraño. Ese mismo gato, que se acurrucaba junto a mí cada noche arrimándose a mi cara, ahora tan solo sentía miedo.

Al darme cuenta de lo que estaba pasando, lo solté inmediatamente, pero no sin preguntarme cómo el miedo aleja totalmente al amor. Empecé a pensar en momentos en que mi miedo interfería cuando quería expresar amor. También pensé en la situación del mundo y en lo difícil que es pedir a los enemigos que se amen unos a otros cuando están inmersos en situaciones llenas de miedo como la guerra. Y, finalmente, me pregunté qué es lo que distingue a los humanos de los animales. Quizá es la capacidad que tenemos de parar un momento y buscar otras formas alternativas de responder, cuando estamos inmersos en el miedo.

Daniel Ladinsky, en su versión de los poemas de Hafiz, poeta del siglo XIV, escribe:

> Incluso los ángeles temen ese estigma de locura
> que se forma contra el mundo
> y arroja afiladas piedras y lanzas
> hacia el Inocente y hacia sí mismo
>
> Sé muy bien cómo te pones
> si no has salido a beber Amor.

❦

La contemplación de esta semana te invita a darte cuenta si hay veces en que tu capacidad normal de expresar amor se inhibe debido al miedo. ¿Puedes reaccionar de una forma diferente? ¿Hay algo que puedas recordar para ayudarte a volver a amar?

6

Sin salir de tu casa, puedes llegar a conocer los caminos del mundo. Sin mirar por la ventana, puedes llegar a conocer los caminos del cielo.

Tao Te Ching de Lao Tzu.

Los últimos días he estado muy ocupada: regresé de un largo viaje, vuelta al trabajo, ver gente. En medio de todo esto, intenté ponerme en contacto con una persona que resultó no estar disponible porque estaba celebrando el Sabbath (día de descanso en la tradición judía); algo que hace todas las semanas. Eso me hizo recordar las veces que me he dedicado un día "sagrado" para descansar del raudal interminable de semanas y meses de actividad.

Al principio, sentí la punzada del anhelo de estar en una comunidad espiritual donde todos se reúnen para un día de Sabbath. Pero, esta mañana, al sentarme a meditar, me di cuenta de que ya tenía mi Sabbath. Cada mañana, la meditación es una oportunidad de probar esa dulce experiencia de descanso y de renovación, pero solo si elijo que así sea.

Al meditar esta mañana, conscientemente, me vacié de problemas mundanos y de todas las cosas en las que normalmente pienso e investigo. Conscientemente dejé que mi corazón se abriera a una presencia superior. Llamémosle Dios, espíritu, conciencia, Ser, existe una presencia que es palpable cuando la mente está en calma y el corazón está abierto. Para mí, esa conexión es el propósito sagrado de un Sabbath.

༄

Durante la próxima semana, busca maneras de crear tu propio Sabbath. Puede ser durante momentos de meditación, en un paseo diario por la naturaleza o, reservándote un día entero para ello. Observa qué efecto tiene esto sobre el resto de tus horas y tus días.

7

Tienes que inclinarte ante tus propios obstáculos y dificultades porque, si no, no sabrás de la libertad y la iluminación.

Dzigar Kongtrul Rinpoche, *It's Up to You*

¿Qué hacer con los llamados "obstáculos" en la meditación? El otro día, una amiga me contaba que su hijo de unos quince años, que estaba en un retiro de meditación, le había dicho que cuando le dolían las piernas en la meditación, pensaba "no voy a permitir que el dolor me pare". Y si algo le picaba, pensaba "yo puedo ser más fuerte que esto". Y que cuando empezaba a sentirse inquieto, pensaba "no quiero ser una persona inquieta". Su madre estaba encantada, y con toda razón, al ver el nivel de compromiso de su hijo adolescente.

A mí también me encantó saber que un adolescente estuviera aprendiendo a meditar. Pero, al mismo tiempo, pensé qué hago yo en situaciones similares y empecé a contemplar el papel que juega la voluntad y la perseverancia. ¿Será que al desarrollar un poder de determinación fuerte, disminuye nuestro ego y la noción de que somos los "hacedores"? ¿Será que este es el camino para ablandar y abrir el corazón? ¿Existe una forma más efectiva de enfrentarse a los obstáculos?

Otra manera de enfrentarse a los obstáculos es utilizar el proceso de indagación que a veces se denomina vipassana. Cuando sentimos dolor, indagar en él; en otras palabras, mirándolo de cerca, observando en dónde se produce y qué se siente, el dolor comienza a disminuir. No se trata de aguantarlo sino de "desnudarlo" hasta que lo veamos como lo que es: energía. Y lo mismo sucede cuando sentimos un picor o no podemos estar quietos en la meditación; solo que, en este último caso, lo que sentimos es la energía que está intentando mover la mente y no solo el cuerpo. Cuando lo examinamos, descubrimos que es simplemente un estado mental pasajero. En terminología budista, vemos las cosas vacías de existencia permanente. Según la tradición de la India, vemos las cosas como un movimiento de energía divina. En cualquier caso, nos liberamos de ello, sin tener que reafirmarnos en nuestra voluntad limitada.

༄

Durante la próxima semana, te invito a examinar qué haces con los obstáculos en la meditación. Y más importante, ¿cómo se manifiesta ese enfoque en tu vida diaria? ¿cómo te enfrentas a los obstáculos en tu vida?

8

Parece que fue ayer cuando pensaba que no había otra cosa bajo mi piel más que luz.
Y que si tú me cortabas, yo brillaría.
Pero ahora, cuando me caigo por las veredas de la vida, mis rodillas se arañan. Sangro...

Billy Collins, *Sailing Around the Room Alone*

Con su acostumbrado estilo ligero a la vez que profundo, el muy galardonado poeta, Billy Collins, captura uno de los grandes misterios de la vida. ¿Cómo entendemos que somos seres espirituales, divinos y a la vez muy humanos? ¿Cuál es la relación entre las experiencias "transcendentales" que podemos tener en nuestras prácticas espirituales, y la vida diaria?

En los primeros años de mi práctica con la meditación, las experiencias trascendentales, eran algo así como un señuelo metafísico que me animaba a continuar meditando diariamente. El recuerdo de estados llenos de deleite y tranquilidad era un contraste total con la realidad de mi vida diaria. Sin embargo, con el tiempo, me di cuenta de que si solo sé apreciar las experiencias que me llevan más allá de mi cuerpo y mente al reino de lo divino, estoy creando una seria dualidad. No estoy apreciando el simple hecho de ser humana.

En vez de dejar a un lado mi parte de ser humano, limitado, lo que quiero es llevar la experiencia del poder divino al ser limitado, para que se sienta apoyado y amado. En lugar de separar mi naturaleza humana de mi naturaleza divina, ahora ansío integrarlos totalmente. La meditación es un lugar ideal para ponerlo en práctica.

❧

Como práctica para la semana próxima, puedes visualizar y sentir la energía de los cielos derramándose sobre ti por tu cabeza, abrazando y dando apoyo a tu parte de ser humano que está aquí, en esta tierra. Cuando lo pongo en práctica, me reconforta mucho y me da fuerzas para caminar con orgullo en mi vida cotidiana. Quizás quieras anotar en tu diario cómo esto te funciona.

9

Solo recuerda: puedes soportar cualquier cosa que tu mente pueda hacer soportable, siempre que pongas tu interés en ello.

Marco Aurelio, *Meditaciones*

Siempre me fascina ver cómo todos los grandes pensadores llegan a la misma conclusión: todo depende de nuestra mente. Estas palabras del emperador romano Marco Aurelio podría perfectamente haberlas dicho cualquier otro gran sabio. La cita me recuerda a Shakespeare: "No hay nada que sea bueno o malo, pero el pensamiento hace que así parezca".

Las palabras sabias son maravillosas; la cuestión es ponerlas en práctica. Hace poco, me encontré en una situación que pensé sería difícil de soportar. Mi primer impulso fue escaparme de alguna manera. Estaba convencida de que la situación a la que me enfrentaba sería más de lo que realmente quería o podría llegar a asumir. Con el tiempo, descubrí que el esfuerzo empleado en "escaparme" era mucho más agotador que el simple hecho de sobrellevar la situación. Solo entonces me di cuenta de que, en realidad, esa situación me iba a hacer más fuerte.

Para mí, una de las claves de esa transformación, fue recordar que nunca se nos da más de lo que podamos soportar. Esto está estrechamente unido con el sentimiento de que no estoy sola en este universo. La fe en un poder benevolente que sostiene mi vida, parece liberar mi mente de las garras del miedo.

Durante la semana próxima, cuando te encuentres con una dificultad, procura ver si hay alguna manera de sacarle partido a la situación. ¿Qué te hace falta para que puedas considerar que enfrentarte a cierta situación es en tu propio interés? ¿Y qué ocurre cuando cambias ese punto de vista? Intenta también aplicar este enfoque a tu práctica de meditación; cuando sientas que ya no puedes quedarte sentado ni un minuto más, ¿cómo puedes cambiar ese pensamiento?

10

Nada es tan fuerte como la delicadeza, nada tan delicado como la verdadera fuerza.

San Francisco de Sales

Me intriga que, a veces, algo tan sencillo como la delicadeza sea tan difícil de expresar, sobre todo cuando se trata de ser delicado con personas que piensan o actúan de forma diferente a como yo esperaba. Surge entonces un sentimiento que tiene poco de delicadeza: "ellos tienen que cambiar", y yo me encuentro enredada en un nudo de indignación y enfado. Cuando no se cumplen mis expectativas, parece como si la delicadeza se escapara por la ventana.

Fue un alivio descubrir que no soy la única que encuentra difícil poner en práctica la delicadeza. La *Bhagavad Gita*, un clásico de la India, habla de la delicadeza como una de las "austeridades de la mente". En otras palabras, es una práctica yóguica evitar la aspereza mental. Incluso cuando hayamos ido más allá de lo necesario en ponernos a la defensiva, o enfadados o controladores, hemos de romper el hábito mental de encolerizarnos cuando surge algo. Romper hábitos cuesta trabajo.

Thomas Merton también abordó el tema de la delicadeza dándonos una pista muy útil sobre cómo romper este hábito. Dice: "Es en profunda soledad donde encuentro la delicadeza con la que puedo amar de verdad a mis hermanos... La soledad y el silencio me enseñan a amar a mis hermanos por lo que son, no por lo que dicen". Para mí, las palabras de Merton apuntan hacia la necesidad de meditar. Cuando la mente está agitada, lo mejor que puedo hacer es sentarme tranquilamente con esa agitación y dejar que se calme. Al cabo de un rato, algo se revela desde el interior, junto con cierta dosis de humildad, al recordar, una vez más, que todos somos diferentes y que todos somos perfectos al mismo tiempo.

Esta semana, trabaja con la práctica de la delicadeza en tus pensamientos y observa cuándo es fácil y cuándo es difícil pensar con delicadeza. ¿Cómo puede tu práctica de meditación ayudarte a cultivar la delicadeza de la mente?

11

Tanto aquello que es placentero como aquello que es beneficioso se presentan ante el hombre. El sabio, habiendo examinado ambos, elige lo beneficioso ante lo placentero.

Katha Upanishad

Algunas mañanas, es difícil resistirse a la tentación de quedarse en la cama. Me quedo acostada pensando en ir a meditar, pero me resisto a levantarme y empezar el día. Sin darme cuenta, el tiempo vuela y me veo obligada a reducir el tiempo de mi meditación a la mitad. En esos momentos, la cita anterior me viene a la cabeza. Aunque *los Upanishads*, textos pertenecientes a la filosofía de la India, se remontan al año 500 a.c., su sabiduría aún parece ser relevante hoy en día. ¿Quedarme en la cama es solo placentero? ¿Es de alguna manera beneficioso?

Es una cita provocadora. ¿Cómo sé, cuando me enfrento a varias alternativas, cuál va a ser beneficiosa? ¿Todo lo que es placentero es siempre malo para mí? ¿Tengo que elegir siempre aquello que parece más difícil? ¿Cuál es el significado más profundo?

Las palabras del *Katha Upanishad* nos retan a examinar nuestra necesidad de gratificación inmediata y dejar los placeres a corto plazo por los beneficios a largo plazo. No es fácil. El mismo *Upanishad* dice: "Igual que el filo de una navaja es ese camino; difícil de caminar y difícil de cruzar".

⁂

Te invito a trabajar con esta cita y con las preguntas que surgen. ¿Cómo eliges aquello que es beneficioso? ¿Qué te ayuda a elegir? ¿Puedes ser amable contigo mismo cuando no eliges el bien más elevado, reconociendo las limitaciones de tu condición humana?

Cuando trabajaba con esta cita, le pregunté a una amiga de 10 años de edad qué pensaba sobre esas palabras. Me dijo: "Ponerme un aparato de ortodoncia en los dientes no ha sido un placer, pero pienso en la estupenda sonrisa que tendré cuando termine". Ojalá todos tengamos esa actitud tan fresca y joven.

12

Déjate llevar silenciosamente por la atracción más fuerte de aquello que realmente amas.

Rumi, "An Empty Garlic," *Open Secret*

La contemplación anterior (elegir lo beneficioso ante lo placentero) ha generado mucho diálogo en nuestra comunidad virtual. Una mujer escribió desde España que, en vez de quedarse dando vueltas al hecho de que no tiene una práctica regular por la mañana, ha encontrado otras formas de incorporar la meditación a su horario. O, como diría Rumi, (poeta sufí del siglo XIII) se dejó "llevar por la atracción más fuerte". Sin el anhelo de meditar, es fácil encontrar alguna excusa ("no puedo levantarme temprano") para no meditar. Otro amigo mencionaba cómo aunque llegues a levantarte y te sientes en postura de meditación, eso no te garantiza que vayas a llegar a un estado más profundo de meditación. Puede que tu cuerpo este ahí, pero ¿el corazón y la mente están también ahí?

Para terminar, elegir lo beneficioso sobre lo placentero puede convertirse fácilmente en una disciplina rígida. La cita de Rumi es el antídoto perfecto: elegimos algo, no solo por disciplina, sino porque hay algo que amamos por encima de lo demás. En palabras de Thomas Merton: "Si uno 'entrena' y disciplina sus facultades y todo su ser, es para profundizar y dejar expandir su capacidad de experimentar, de hacerse consciente, de entender, de que existe una vida más elevada, más profunda y más auténtica.... 'en el Espíritu' ".

☙

Como contemplación de esta semana, te invito a pensar cuál es la motivación que te lleva a realizar una práctica espiritual. ¿Qué es lo que te atrae, en lo más profundo del corazón? ¿Qué es lo que amas que te lleva a seguir eligiendo hacer las prácticas que te benefician? ¿Cómo mantienes ese amor presente en tu mente para que cada elección se haga desde la alegría y te gratifique? Cuando te encuentres en el punto de tomar una decisión, "déjate llevar silenciosamente por la atracción más fuerte de aquello que realmente amas".

13

Cuando te contentes con ser simplemente quien eres, y no te compares, ni intentes competir, tendrás el respeto de todos.

Lao Tzu, *Tao Te Ching*

El otro día estaba cantando con un grupo de mucha gente. Me di cuenta de que ya no podía cantar tan alto como cantaban las demás mujeres. Como quería cantar en armonía con los demás, intenté encontrar mi propia voz. Fui de un extremo al otro, arriba y abajo, hasta que pude cantar a un nivel cómodo para mi garganta. Se me ocurrió que, esta necesidad de armonizar y a la vez de ser fiel a uno mismo se podía aplicar a todo en la vida, no tan solo al hecho de cantar.

Esto se hace evidente con unas prácticas espirituales más que con otras. Por ejemplo, es bastante fácil armonizar contigo mismo cuando estás meditando solo. Pero luego, en grupo, ¿qué ocurre?, ¿te cohíben tus propias necesidades? y ¿ qué sucede cuando trabajas con otros? Lo mismo pasa con nuestras creencias y maneras de actuar. Cuando hay diferencias de opinión, ¿asumimos que una parte tiene la razón y la otra no, o podemos aceptar que simplemente estamos en distintas frecuencias de onda? La tradición zen dice que es fácil ser un santo en la cima de una montaña, pero el reto aparece cuando bajamos al mercado. ¿Cómo mantenemos nuestro estado cuando nos enfrentamos con diferencias?

Para mí, la meditación me ayuda a convencerme de mi propia bondad. Cuando me siento básicamente "bien", puedo recibir comentarios de los demás sin contraerme. Puedo escuchar a otros cantar sin tener que cantar igual.

❧

Te invito a observarte durante la próxima semana y ver qué te hace falta para estar contento simplemente siendo tú mismo, independientemente de si armonizas o no, o de si eres igual o distinto. Al mismo tiempo, ¿puedes dejar a los demás ser como son? ¿Cómo cambia tu mundo?

14

Sin el ego como nuestro principal punto de referencia, la mente está abierta de forma natural, sin confusiones, y es capaz de disfrutar de todo sin juicios.

Dzigar Kongtrul Rinpoche, *It's Up To You*

En la celebración lunar del año nuevo chino y tibetano, durante dos semanas, es tradicional ofrecer oraciones para eliminar obstáculos. Teniendo esto en mente, la contemplación de esta semana trata sobre cómo eliminar un gran obstáculo: el ego.

¿Es realmente posible liberarse del ego? Sospecho que sí, siempre que, en primer lugar, empecemos por reconocerlo. La semana pasada, prestando atención con muy poco esfuerzo, pude identificar muy claramente cuándo estaba utilizando el ego como punto de referencia. Por ejemplo, al no recibir respuesta a un correo, mi mente imaginó todo tipo de reacciones por parte del destinatario. Sin embargo, es muy posible que el correo en cuestión no fuera tan importante para el que lo recibió y, en ese caso, quizá no hubo ninguna reacción en particular por su parte. En otra ocasión, mientras escuchaba a un amigo hablando de sus planes, vi mi mente poniéndose alerta, tratando de averiguar si yo estaba incluida en ellos. De nuevo, en lugar de, simplemente, escuchar a la otra persona y ofrecerle mi apoyo, sin ponerme a mí misma dentro de su historia, mi respuesta había surgido desde el ego. De esta y otras muchas formas, el ego cambia la escena y, a menudo, puede crear dolor en el proceso.

Cuando leí la cita del maestro tibetano Dzigar Kongtrul, me quedé totalmente fascinada. Imagina cómo sería la vida si la respuesta del ego no se metiera por medio. Podría simplemente disfrutar de todo: de no recibir respuesta al correo enviado, de escuchar los planes de alguien. Sería todo una delicia.

✤

Durante la próxima semana, te invito a observar tus interacciones con los demás. Intenta darte cuenta de cuándo estás abierto e imparcial, y cuando estás respondiendo bajo la influencia del ego y la importancia personal. Durante la meditación, observa si hay momentos en los que el sentido del yo pequeño se disuelve. ¿Qué se siente en esos momentos?

Que esta contemplación te conduzca a un estado libre de juicios y lleno de deleite.

15

A veces, también pude ver que el amor es una gran habitación con muchas puertas a las que estamos invitados a llamar y entrar. Aunque contiene en su interior el mundo entero, el sol, la luna y las estrellas, también es lo suficientemente pequeño como para estar en nuestros corazones. Está en los corazones de aquellos que eligen entrar.

Wendell Berry, *Hannah Coulter*

El otro día mi gato se subió a mi regazo y, tocando mi mano, dio a entender que quería caricias. Yo accedí de inmediato. Fue un momento puro de dar y recibir. El gato se acercó, me pidió y yo respondí. La respuesta vino directamente de mi corazón, sin pensarlo.

En el acto de dar a mi gato, yo no tenía expectativas sobre lo que él debería de darme a cambio. Simplemente disfruté de la simplicidad con la que el gato se expresaba en su naturaleza de gato. Me di cuenta de que a veces, con gente que me importa, espero algo de ellos: palabras amables o sonrisas, para poder abrir mi corazón. Pero, en realidad, el abrir y ablandar el corazón depende completamente de mí.

De la misma forma en que me abro a la presencia de un pequeño animal, ¿puedo también abrirme a la presencia de otra persona sin expectativas ni demandas?

Me gustaría invitarte a contemplar cómo abres tu corazón, sin importar cómo se exprese la otra persona en un momento dado. Durante la próxima semana, observa tus interacciones con la gente y observa si hay momentos en los que puedes dejar ir todas tus expectativas sobre cómo los demás "deberían ser" y simplemente puedes quererlos tal y como son.

16

Un hombre sin vida interior es esclavo de su entorno, así como el barómetro es el sirviente obediente del aire en reposo y la veleta el sirviente humilde del aire en movimiento.

Henri Frédéric Amiel, *The Journal Intime of Henri-Frédéric Amiel*

Hablando con un amigo que me contaba su lucha con un trabajo muy poco gratificante, le señalé la paciencia que tenía y que le permitía sobrellevar esa situación. Su respuesta fue: "Es que tengo una vida interior". Me sorprendió mucho ver que era tan consciente de la importancia de su vida interior y que eso le hacía mantenerse ante un reto externo.

Al terminar la conversación, empecé a preguntarme: ¿tengo yo una vida interior? Con tantas actividades en mi vida, algunas satisfactorias y otras no, ¿había perdido la conexión interior? Justo ese día, se me presentó la posibilidad de estar sola, sin ninguna responsabilidad ni obligación. Me dirigí a mi restaurante favorito en la costa. Al llegar a la cima de una colina que se abría a una magnífica vista del océano, me sorprendieron las lágrimas. ¡Hacía tanto tiempo que no sentía ese asombro surgiendo de mi interior! La belleza de ese lugar se había convertido en algo normal para mí. En ese momento, aparqué el coche y me puse a caminar por el camino rural.

El sol brillaba, el aire era limpio, el viento soplaba fuerte y el océano se desplegaba en el horizonte frente a mí. Los campos de hierba ofrecían un maravilloso espectáculo bailando al son del viento, a veces doblándose tanto hacia atrás que parecían aplanarse. Cada parcela de hierba tenía un color distinto, como bailarines colocados con diferentes trajes, algunos con sombreros verdes, otros de color marrón rojizo. Estaba encantada con el mundo.

¿Es ésta mi vida interior? ¿La capacidad de deleitarme con la naturaleza, de verla rebosante de vida y amor? Si es algo que se despierta en los momentos en que estoy más sola, ¿por qué hacer malabarismos para mantenerme ocupada con lugares adonde ir, gente que ver y cosas por hacer?

Quizás es el esfuerzo tan grande por doblarme, lo que me permite volver a retomar, como un resorte, mi forma natural, al igual que la hierba que se dobla con el viento sin perder nunca su majestuosidad innata. Con tan solo un breve paseo, volví a reconectarme con la soñadora que soy, dejándome llevar por las doradas colinas sobre el mar, con un canto de alabanza en mi corazón, con los pájaros como compañeros y un amor interno tan profundo que nunca podrá igualar ninguna conexión física.

¿Vida interior? Sí, siempre está ahí, distinta para cada uno de nosotros. Solo es cuestión de honrar la forma única en que se manifiesta.

Te invito a que dediques un tiempo durante la próxima semana para hacerte consciente de tu vida interior, ya sea que se manifieste a través de tus prácticas espirituales, en contacto con la naturaleza o en medio de tus actividades cotidianas. ¡Que siga aportando vida a tu vida!

17.

La meditación no está orientada a arreglar o mejorar el dolor. Va a lo más profundo, a la naturaleza del dolor, utilizándolo de manera que nos permita crecer.

Jon Kabat-Zinn, *Full Catastrophe Living*

En una entrevista, Jon Kabat-Zinn, habló sobre las tres dimensiones del dolor: la experiencia física, la emocional, es decir cómo sentimos la sensación, y el significado que le atribuimos a nuestro dolor. En su trabajo médico sobre meditación consciente y sanación, explica estas tres dimensiones.

Mi práctica sobre cómo trabajar con el dolor incluye observarlo y ver cómo funciona su energía. En el sistema chino de trabajo con la energía (qigong), se describe el dolor como energía bloqueada. En meditación, tenemos la capacidad de trabajar con esa energía y desbloquearla.

Una mañana, me levanté para meditar y tenía un intenso dolor de cabeza. Al sentarme, comencé a visualizar la energía que palpitaba en mi cabeza. Mentalmente bajé esa energía a través de mi cuerpo y hacia fuera por los pies. Después de hacer circular la energía así durante varios minutos, me sentí muy tranquila y me di cuenta de que había perdido el contacto con el dolor de cabeza. Sabía que no había desparecido completamente, pero ya no estaba poniendo atención a esa sensación de mi cabeza, simplemente estaba en contacto con la energía que se movía por mi cuerpo. Ese tiempo de meditación, me permitió descansar de mi cuerpo, algo que tanto necesitaba. Cuando salí de la meditación y me di cuenta de que el dolor de cabeza aun estaba ahí, me tomé dos aspirinas.

❧

Te invito a utilizar parte de tu tiempo de meditación para trabajar con cualquier energía que creas tener bloqueada. Pueda ser algo físico o también emociones dolorosas. Permite que tu atención se dirija al área en donde más se manifiesta la sensación. Es importante que te concentres en la sensación física en sí, no en los pensamientos o emociones que tienes sobre el dolor.

Visualiza la energía fluyendo hacia abajo por tu cuerpo, dirigiéndola despacio hacia los pies. Cuando esa energía haya salido de tu cuerpo, imagina que se convierte en un fluir de energía dorada. Permite que esta nueva energía vuelva a entrar en tu cuerpo a través de la coronilla de la cabeza y vaya fluyendo hacia abajo, al lugar donde empezaste, y se traslade hacia el lugar afectado. Repite este proceso las veces que consideres necesarias: deja salir la energía bloqueada y deja entrar la energía dorada. Observa qué sucede.

18.

Siempre hemos de cambiar, de renovar, de rejuvenecernos; si no, nos endurecemos.

Goethe

Sábado por la mañana; es una mañana lluviosa de primavera en California del Norte. A diferencia de las lluvias del invierno, esta lluvia tiene un sonido melodioso al caer sobre los campos, los arbustos florecientes y sobre un mundo ya verde y vivo. A diferencia de las lluvias del invierno, me encanta mirar esta lluvia y contemplar el cielo con niebla, agradecida porque las plantas y vegetales que acabo de plantar podrán beber toda el agua que necesitan.

Mi rutina normal de preparar una taza de té y luego meditar se interrumpe al pararme a mirar por la ventana de la cocina, viendo cómo la humedad lo cubre todo tan delicadamente. Me tomo el té, desayuno algo y me siento en la mesa de la cocina, disfrutando de la quietud. La sesión formal de meditación tendrá que esperar.

Aterriza un pájaro sobre la terraza en el exterior de mi cocina, un visitante inesperado. Va saltando, buscando algo: ¿comida?, ¿algo para construir su nido?, ¿refugio en la lluvia? Me encanta ver que se acerca mucho, ignorando mi presencia en el interior. ¿Será que ahora se siente libre de venir ya que no está mi gatita para vigilar la casa? ¿Será que siempre me ha visitado y nunca me había parado a observarlo?

Tradicionalmente, la primavera significa nueva vida. Me doy cuenta de que puedo crear una vida nueva cada día, simplemente con la manera en que llevo a cabo mis actividades normales. Hoy es un buen ejemplo. Acostumbro a imponerme un horario bastante rígido: hago el té, medito, desayuno y luego empiezo el día. El haber roto esa rutina hoy, me lleva a una nueva relación con el mundo en que vivo. Al tomar el té en la cocina y desayunar antes de la meditación, siento como que todo es fresco y nuevo. Ahora, puedo llevar esa sensación de novedad, la dulzura del día, a mi práctica de meditación para así renovarla también.

Durante la siguiente semana, te invito a que experimentes cambiando tan sólo un pequeño elemento en tu rutina diaria y observa si eso revitaliza tu espíritu y renueva tu vida cotidiana.

19.

Yo siempre vivo en ese estado: no soy este cuerpo, soy la Conciencia. Me pierdo a mí mismo en la conciencia de eso la mayor parte del tiempo. **Puede ser que a veces me desvíe de esa conciencia, pero sé cómo volver a ella**

Swami Muktananda, *De Le Finito A Lo Finito*

Hay una convicción tan profunda en la cita anterior. "Sé cómo volver a ella". Cuántas veces perdemos la conciencia de quiénes somos; qué milagroso es volver a ella. ¿Sabes cómo regresar a ella? ¿Cuál es tu proceso? ¿Es algo que haces o es la gracia? Durante la pasada semana yo he indagado en este tema.

Después de un retiro de dos semanas, regresé a mi rutina diaria. La plenitud del retiro permaneció conmigo por lo menos una semana. Más tarde, repentinamente, mi mente se hundió en un estado de contracción y preocupación. Culpé a la gente que más quiero por mi estado mental. Por supuesto que era absurdo, pero duró unos cuantos días. Finalmente, una noche, tuve un sueño profundo, lleno de amor. Al despertar, no podía recordar los detalles, pero casi había regresado a la misma experiencia vivida durante mi retiro. Sin embargo, no se había solidificado aún.

Llena de energía renovada, salí de casa muy temprano, precipitadamente, para llevar mi coche a una revisión de servicio. Me paré y me di cuenta de que no había meditado ni un minuto. Acto seguido me dije:

"Está bien, un minuto para meditar" y me senté.

Como dijo el sabio del siglo IX, Shankaracharya: "Mi mente cayó como una piedra de granizo dentro del inmenso océano de conciencia". El mundo desapareció. Todo lo que sentía era la energía pulsando a todo mi alrededor. "No debe ser la cafeína", pensé para mi, "si ni siquiera me he tomado el té. No; es mi propio Ser, vibrando de energía".

Pasaron cinco minutos y yo seguía sentada. "Seguro que pueden arreglarme el coche, llegue a la hora que llegue, así que, ¿por qué tanto apuro? ¿Cuántas veces, con las prisas, he dejado pasar esta deliciosa oportunidad de sumergirme en la dicha? Me quedé sentada mientras seguía explorando profundamente la energía de Dios pulsando a través de mi.

Todo en mí se sintió realineado de nuevo. Sentí que el proceso de liberarme de la atadura de mis pensamientos se había completado. Me levanté y me puse en marcha hacia la estación de servicio, completamente renovada. Regresar a un buen estado fue fruto de la gracia y del esfuerzo: la gracia de mi propia conciencia y el anhelo de reunirme con mi Ser superior.

Te ofrezco esto como una contemplación. Cuando pierdas la conexión con tu Ser más elevado, ¿cuál es tu proceso para realinearte? ¿Cómo mantienes tu anhelo de reunirte con lo divino?

20.

Por las mañanas escucho los sonidos del mundo; por las tardes escucho los sonidos del mundo.

Robert Aitken.

La cita de esta semana, de Robert Aitken, capta la idea de que podemos ver nuestra vida diaria como nuestra práctica, minuto a minuto. Su cita es su versión de una frase clásica del Zen sobre cómo enfocarse en Kuan Yin, mañana y tarde. Aitken subraya que "enfocarse en" Kuan Yin (o Dios, o lo divino), pone a Kuan Yin en un lugar fuera de nosotros mismos. Esto separa nuestra vida cotidiana de nuestra práctica espiritual, desvalorizando, inintencionadamente, nuestra vida cotidiana.

Recientemente, cuando alguien me preguntó qué andaba haciendo esos días, no se me ocurrió una respuesta concreta aparte de "intentar mantener un buen estado". Aunque eso es cierto, la respuesta niega sutilmente la realidad de lo que hago, como por ejemplo: escribir contemplaciones, hacer voluntariado en temas medioambientales, estar ahí para escuchar a los amigos, practicar Tai Chi y meditación, etc. Sin embargo, no mencioné todas esas cosas porque me parecían corrientes, porque no son las grandes cosas que el mundo valora, como dirigir esto o aquello, o tener un trabajo permanente. Me di cuenta de que no estaba valorando mi propia manera de vivir una vida de indagación.

Cuánto más positivo resulta eliminar el dualismo entre mi impulso espiritual y mi vida diaria. En un libro de ensayos, un autor escribió: "Cualquier acontecimiento, sin importar lo pequeño o aparentemente trivial que sea, debidamente tratado, abre la puerta hacia la eternidad". Me parece a mí, que una de las claves para acceder a un estado iluminado, es mirar lo que hacemos con ojos nuevos, enfocados en lo que está presente y no en lo que falta. Cualquier cosa que haga se convierte en mi camino hacia lo divino, si estoy dispuesta a verlo de ese modo.

Al comenzar una nueva semana, tómate algún tiempo para mirar tu vida tal y como es. ¿Cómo puedes verla con ojos nuevos? ¿Cómo puedes ver tu vida cotidiana como tu camino espiritual? Esto puede ser un buen tema para escribir en un diario.

21.

Se cómo puedes llegar a ponerte si no te has tomado un trago de manos del Amor.

Hafiz, *I Heard God Laughing*

Hafiz, el poeta y místico sufí del siglo XIV, me habla a través de los siglos cuando describe el estado en que puedo entrar cuando estoy separada de mi propia alma, de mi propia esencia. Una traducción contemporánea de Daniel Ladinsky, comienza así:

Sé cómo puedes llegar a ponerte
cuando no has tomado un trago de Amor:
se te endurece la cara,
tus suaves músculos se contraen.
Los niños se sienten afectados
a causa de una extraña mirada que aparece en tus ojos
que incluso comienza a preocupar a tu propio espejo y nariz.

Humorístico, pero qué real, ¿verdad? La semana pasada tuve una experiencia parecida. Una tarde me encontraba vacía y triste. Sentí que algo andaba mal y comencé a dar vueltas por la casa preguntándome qué es lo que debía arreglar en mi vida: ¿mi trabajo?, ¿mi lugar de residencia?, ¿mis relaciones? Al llegar la noche me di por vencida y me fui a dormir, desanimada.

Durante la noche, soñé que había tenido una conversación informal con un profesor de meditación. Cuando me desperté, todo aquel vacío había desaparecido y ya no había nada que arreglar. ¿Qué había sucedido? Me di cuenta de que el solo hecho de recordar el mundo espiritual, aunque fuera de forma casual, en mis sueños, era suficiente para restaurar mi estado de ánimo. En alguna parte de mi ocupada "pre-ocupada" vida había perdido el contacto con el misterio interior que alimenta mi alma.

Cuando surge algún sentimiento incómodo, es muy fácil tratar de arreglar las cosas del exterior, pero, a menudo, el malestar exterior es solo una señal de que necesito "un trago de Amor".

La contemplación de esta semana es cómo reconocer el verdadero origen del descontento y cómo reconectar con los mundos interiores. ¿Cuáles son tus propias señales de desconexión y, también, cuál es tu remedio? ¿Dónde encuentras ese trago de Amor?

22.

Dirige todas las culpas hacia uno.

Atisha, *The Root Text of Seven Points of Training the Mind*

Recientemente he estado contemplando lo que significa ser responsable de mi mundo emocional. Esto empezó cuando noté una creciente ansiedad antes de un encuentro con un viejo amigo. Mi primer instinto fue culpar a mi amigo, dando por hecho que si él fuera diferente, yo me sentiría mejor y, en mi mente, elaboré una lista de las herramientas sociales básicas que, según yo, debería aprender, por ejemplo.

Rápidamente me resultó obvio que todo era mi propia creación. Quizá la que carecía de habilidades sociales era yo. De hecho, era yo la que estaba tensa y nerviosa en lugar de accesible y relajada. Al examinar y entender mis sentimientos, limpié mi mente y también abrí el camino para una reunión amistosa con mi amigo.

En los aforismos sobre adiestramiento de la mente del tibetano del siglo IX Atisha, las instrucciones son muy directas, sin lugar para desviaciones. Dirige todas las culpas hacia uno (hacia uno mismo), quiere decir que cada vez que queramos echar la culpa a algo externo a nosotros, tenemos que darle la vuelta y ver cuál ha sido nuestra propia contribución en el asunto.

Creo que esta es una práctica de gran ayuda. Una vez que tomo responsabilidad, vuelvo a ganar poder sobre mi mundo emocional. Sin embargo, esto, de ninguna manera, resulta fácil. En mi experiencia, mi tendencia es culpar a los demás para evitar hacer el difícil trabajo de una verdadera auto-indagación. Lo que más me ha ayudado es reconocer que cuando estoy culpando a alguien, puedo darle la vuelta al pensamiento para ver si se aplica a mí. No se trata de culpabilidad, ni de buscar faltas, si no de una simple y honesta reflexión. Al reflexionar, descubro que las cosas siempre cambian, para mejor.

Te invito a poner esto en práctica la próxima semana. En cualquier momento, cuando estés echándole la culpa de lo que sientes a alguien que no eres tú, intenta parar y ver cuál es tu propia contribución a ese sentimiento. Pueda que no sea grato, pero es ciertamente liberador.

23.

Serenidad significa no resistirse a la experiencia del momento presente.

Ramesh Balsekar, *Duet of One: The Ashtavakra Gita Dialogue*

Balsekar ofrece una intrigante definición de serenidad. Implica que, independientemente de que el momento presente sea agradable o no, podemos permanecer serenos. ¿Qué opinas?

Mi experiencia es que parece fácil, pero lo encuentro difícil de poner en práctica. He aquí un ejemplo reciente. Durante unas semanas, he estado lidiando con una dolorosa lesión en la pierna. Al levantarme esta mañana, descubrí que no sentía dolor. Estuve caminando por la casa unos momentos, disfrutando de ver a los pájaros sobre el tejado, un gato durmiendo en el jardín y unos pavos salvajes que estaban en el jardín de atrás. Mi mente estaba tranquila y mi corazón abierto. Pasados unos minutos, volvió el dolor, y la serenidad desapareció, dando paso a la frustración, molestia y a pensamientos como: ¿cómo puedo librarme de esto?

Más que el regreso del dolor, lo que encontré más interesante fue observar cómo mi mente pasaba de la serenidad a la inquietud en un instante. Contemplé cómo sería, aceptar, sencillamente, la incomodidad del momento con la misma ecuanimidad con que había aceptado el momento previo de libertad. Parece que la clave está en abandonar el hábito de juzgar las cosas como aceptables o no aceptables.

❧

Te invito a que durante la próxima semana trabajes sobre la aceptación del momento presente. Quizá nos ayude recordar que incluso el momento presente cambiará, con toda seguridad, ya que el cambio es la naturaleza intrínseca del universo. ¿Qué vas descubriendo que puede ayudarte a abandonar tu resistencia y recuperar la serenidad?

Que disfrutes de una mente tranquila.

24.

No hay nada más bello y liberador que vivir con una dedicación consciente al amor.

Gerald May, *The Awakened Heart [El Corazón Despierto]*

Nuestra contemplación anterior sobre la serenidad, ha dado lugar a varios descubrimientos maravillosos entre nuestros lectores. Una lectora escribió sobre su "práctica constante de estar felizmente presente en el momento. Al reconocer que este momento es lo único que existe, cada vez es mas fácil descansar en la tranquilidad de cada momento, sin importar si está o no de acuerdo con mis expectativas o planes".

En mi caso, contemplar esta cuestión me hizo llegar a un nivel de indagación más profundo que antes. Justo después de enviar la contemplación por correo electrónico, me encontré participando en un evento que no cumplía con mis expectativas. La serenidad se fue por la ventana cuando mi mente se empezó a intranquilizarse y a quejarse. Entonces, observé que los organizadores del evento estaban conversando con toda sinceridad y buenas intenciones. Me di cuenta, con asombro, de que, como mis necesidades no se habían cubierto, había dejado de lado por completo mi buena voluntad y el verdadero cariño por la gente involucrada. Fue una revelación muy profunda sobre las elecciones que hago para seguir viviendo desde el corazón. Más tarde, me di cuenta de que la experiencia me dio lo que necesitaba, incluso si no era lo que yo quería. Aunque a mi ego y a mi orgullo no les guste admitirlo, necesito aprender más tolerancia.

¿Qué hacemos cuando no se cumplen nuestras expectativas, deseos o necesidades? ¿Somos capaces de elegir el amor?

Elegir el amor no significa hacer como que me gusta algo que no me gusta en realidad, sino que me abre a la paradoja de no gustarme o no estar de acuerdo con algo y, aún así, seguir manteniendo la buena voluntad. Gerald May continúa la contemplación con estas palabras: "El amor es honesto, dispuesto a estar presente en la vida tal y como es, con toda su belleza y fealdad. El verdadero amor no es nada ciego, ve lo que existe y lo siente tal y como es, sin gafas de color rosa y sin anestesia".

Durante la próxima semana, observa cuál es tu respuesta natural cuando no se cumplen tus expectativas. ¿Qué necesitas para poder elegir el amor en estos casos? ¿Hay un regalo oculto para ti, aún así? Que te encuentres a ti mismo eligiendo el amor, más y más a menudo.

25.

Perdonar es la clave de la acción y de la libertad.
Hannah Arendt

El tema del perdón ha sido mi contemplación de los últimos días. Recientemente, en un acto religioso, el orador mencionó que el perdón no tiene nada que ver con la otra persona, sino que se trataba de liberarnos a nosotros mismos del pasado. El perdón, dijo, no era algo que la otra persona mereciera necesariamente, sino que éramos nosotros mismos los que lo merecíamos. Nos merecemos liberarnos.

Esta idea me impactó especialmente. Solo al perdonar algo que en el pasado me haya herido, encuentro la libertad para seguir adelante. También me llamó mucho la atención la cuestión de que no importa si la otra persona sabe o no que me ha herido, y no importa si pide disculpas o no; eso es algo totalmente irrelevante en el acto de perdonar, que tiene lugar únicamente dentro de mi propio corazón.

Al analizar más a fondo lo del perdón, me surgió la idea de que si hay algo que perdonar, eso lleva consigo la semilla de culpa y juicio: yo estoy en lo correcto y la otra persona está equivocada. Por ejemplo, la semana pasada, en una cena en mi casa a la que cada uno traía algo de comer, una persona se presentó con un plato de carne, olvidándose de que soy vegetariana.

Lo primero que pensé fue que esa persona tenía que haberlo tenido en cuenta. Después, entendí que no lo había hecho a propósito y que no había nada que perdonar. Al aceptar amablemente el plato que traía esa persona y colocarlo sobre la mesa, sentí la libertad de poder seguir ocupándome con otras cosas. Un pequeño cambio en mi mente supuso una gran diferencia.

Durante la próxima semana, te invito a acompañarme en el examen del acto de perdonar como un cambio de energía que hacemos dentro de nosotros mismos. El perdón puede formar parte de tu práctica de meditación, cuando permites que la energía purificadora de la meditación fluya desde tu corazón hacía otra persona o situación que quieres perdonar. Observa entonces, si te encuentras libre para actuar de una forma nueva.

Que tu contemplación traiga claridad a tu vida.

26.

El alma ha de permanecer siempre entreabierta, preparada para recibir la experiencia de éxtasis.

Emily Dickinson, *The Poems of Emily Dickinson*

Al sentarme a meditar esta mañana, mi mente estaba inquieta y mi corazón seco. Tenía tantas otras cosas que hacer. Sentarme me parecía una pérdida de tiempo. Empecé a buscar justificaciones; quizá mis actos en el mundo fueran ya una expresión de mi amor a Dios y realmente no necesitaba meditar. Sin embargo, mis justificaciones no hicieron desaparecer la convicción de que, en otras circunstancias, la meditación había sido algo sublime. Me sentía inquieta y desconectada.

Mientras me debatía entre meditar o darme por vencida, recordé un cuento para niños que acababa de leer. Un profesor enseñaba a tres niños cómo llegar a una tierra mágica usando su imaginación. Los niños logran llegar a ese reino con éxito y, justo cuando están a punto de conocer al rey mágico, el profesor les dice que han de seguir sin él, que él no podía ver el puente que los llevaría al castillo. Se da cuenta de que su mente estaba siendo atraída hacia todos sus deberes mundanos y que estaba perdiendo su conexión con el mundo mágico. El más pequeño de los niños logra guiarlo a cruzar el puente y, felizmente, todos llegan a conocer al rey. Cómo se parecía a la experiencia de meditación que estaba teniendo: yo sabía que el mundo místico interior existía y, aún así, era incapaz de llegar a él.

Así que, decidí ser paciente e hice el esfuerzo de enfocar mi mente en la respiración, observando el momento en que la respiración surge y se disuelve. Imaginé la presencia de mi maestro cerca de mí. Rompí la cadena de impaciencia y, delicadamente, guié mi mente otra vez hacia la meta de la meditación. Como el niño inocente que guiaba al profesor, el corazón guía la mente.

Y, como un compañero leal, la dulzura de las tierras místicas volvió. Las sensaciones del cuerpo se disolvieron y la experiencia de luz llenó mi conciencia. La luz estaba en todos sitios. ¿Y la respiración? La respiración se convirtió en la más pequeña pulsación de movimiento en un campo de luz. Todo en mí se disolvió en una suave energía flotando en mi conciencia. Era como haberme preparado un baño caliente y haberme sumergido por fin en él, en vez de quedarme mirando a la superficie del agua desde fuera.

Es fácil pensar que la meditación profunda es algo que ocurre por sí misma. Sin embargo, mi lección hoy ha sido que se requiere la voluntad de mi esfuerzo y paciencia. Las tierras místicas siempre están ahí; confiar en el anhelo de nuestro corazón por visitarlas, depende de nosotros.

Te invito a contemplar tu propia experiencia de meditación durante la siguiente semana y a observar cómo tu propio esfuerzo y paciencia influyen en mantener la puerta de tu alma "entreabierta".

27.

Aquel que uno ama siempre estará cerca.
Si te has confiado en cuerpo y alma,
no puede haber separación.

Kabir

Cada vez que me siento sola o sin ningún apoyo, las palabras del poeta indio Kabir del siglo XV, surgen para darme ánimos. Sus palabras transmiten tanto consuelo y convicción. Me recuerdan que la verdadera conexión entre las personas no está en la proximidad física. Cuando pienso en mis maestros espirituales, por ejemplo, solo saber que han estado en mi vida, me sube el ánimo, sin importar si se encuentran cerca o lejos, si aún viven o ya han muerto.

Esta noche estuve pensando en las distintas personas en mi vida que me han apoyado en mi camino espiritual. Me di cuenta de que, aunque pueda estar separada de aquellas personas que me importan de verdad, sé, sin ninguna duda, dos cosas: una, que estarían a mi lado en un instante si mi vida realmente y literalmente dependiera de ello y, dos, que esas personas tienen total confianza en mi capacidad de vivir mi vida por mí misma. Me impactó pensar en la confianza y el amor que surge cuando un amigo me anima a vivir mi propia vida, sin crear dependencia y sin caer en la actitud de querer rescatarme o satisfacer estados emocionales pasajeros. No hay mejor regalo que expresar a otros nuestra confianza en ellos, sin que esto quiera decir que les abandonamos.

Te ofrezco estas dos contemplaciones para la próxima semana. Primero, piensa en la gente que valoras en tu vida e intenta identificar cómo esas personas te animan a que utilices tus propios recursos interiores, a que seas libre e independiente en lugar de depender de ellos. ¿Cómo te hace sentir eso? Y, segundo, busca cómo puedes tú hacer lo mismo por los demás. Una amistad así es realmente un regalo noble y divino.

28.

Cuando se requiera esfuerzo, el esfuerzo aparecerá. Cuando la ausencia de esfuerzo se vuelva esencial, se impondrá. No necesitas ir empujando a la vida.

Nisargadatta, *I Am That: Talks with Sri Nisargadatta*

Lo mejor de vivir una vida de indagación, es que parece que las inspiraciones que más me van a ayudar, aparecen siempre en el momento perfecto. Por ejemplo, en las últimas semanas me he sentido inquieta. Mi cabeza se llenaba con un solo pensamiento: "es hora de un cambio, es hora de un cambio". Una mañana, me di cuenta de cómo iba siguiendo mi hábito o adicción de leer páginas web de astrología, que también me hablaban de la misma urgencia....hoy es el día, hoy es el día. Mi mente ya estaba en marcha... ¿qué tengo que hacer hoy para que algo ocurra?

¿Cómo sería llenar el día con una energía diferente?, me pregunté. Alguien había mencionado que en Internet había videos del sabio indio del siglo XX, Nisargadatta, así que entré en Internet y me quedé extasiada. Sus palabras eran exactamente el bálsamo que yo necesitaba: "No necesitas ir empujando a la vida". ¡Qué gran recordatorio! Sentí que me quitaba un enorme peso de encima, como si me hubiera relajado por primera vez en muchos días.

Al contemplar mi necesidad de hacer tanto esfuerzo, sentí que la intensidad de mi acción era directamente proporcional a mi temor por lo desconocido. Cuando no sé qué va a ocurrir, quiero controlarlo por medio de mi esfuerzo. Sin embargo, el problema no es el esfuerzo en sí, sino el tipo de energía que hay detrás del esfuerzo. La acción se puede llevar a cabo en cualquier caso, pero cuando la acción surge de manera espontánea y natural, tiene una energía diferente a la acción que se surge del pánico o del miedo.

Durante la próxima semana, hazte consciente de tus propios esfuerzos. ¿Cuándo estás "empujando a la vida"? En esos momentos, observa más profundamente tus motivaciones. ¿Cuándo surge el esfuerzo naturalmente? ¿Qué sientes entonces? ¿Cuál es el equilibrio para ti entre el esfuerzo y la ausencia del mismo? Que esta contemplación te lleve a la auténtica sensación de fluir con comodidad en cada uno de tus actos.

29.

*Crees que te ganas la vida como sastre
pero luego, de alguna manera, el dinero te
llega trabajando de joyero,
algo que nunca se te había ocurrido.
No sé si la unión que yo quiero vendrá
gracias a mi esfuerzo o por la ausencia del
mismo,
o de algo completamente independiente
de cualquier cosa que haga o que no haga.*

Rumi

El otro día me desperté con una sensación de tristeza y la palabra que me surgió fue "alineamiento". Sentí que no estaba alineada con mi naturaleza más profunda, que yo identifico, con toda convicción, con la alegría, no con la tristeza. Muchos estamos familiarizados con el concepto de alineamiento. Si nos duele el cuerpo y no está alineado, podemos buscar la ayuda de un quiropráctico o de otro terapeuta para que vuelva a alinearnos el cuerpo. La meditación es el método que yo utilizo para volver a alinear al espíritu.

A veces, en meditación, doy a la mente la libertad de analizar o indagar. Pero, cuando me senté a meditar esa mañana, hice un esfuerzo especial por redirigir mi atención hacia la respiración. Calmar la mente se hizo más importante para mí que seguir la cadena de pensamientos que surgían. Estaba segura de que, simplemente, sentarme en silencio me permitiría reconectarme con mi espíritu. Y claro está, así ocurrió.

Sin embargo, en otras ocasiones, tengo que dejar el esfuerzo a un lado y aprender a relajarme en la meditación. En ese estado de relajación, la "unión que quiero" se manifiesta simplemente como un estado natural. Esfuerzo, no esfuerzo, indagación, todos son métodos válidos. Después, existe simplemente la gracia de la meditación en sí.

Cuando medites la semana próxima, observa el equilibrio entre hacer un esfuerzo para calmar la mente por un lado y, por otro lado, el pensamiento analítico para descubrir algo. ¿Qué situaciones de tu vida reclaman un acercamiento u otro? Averigua qué es lo que hace surgir ese alineamiento perfecto con tu alma, en tu caso particular.

30.

Encended la luz de vuestros propios corazones y así, la llama crecerá e iluminará también el corazón de los demás. Dirige la luz del amor a los que están en la oscuridad y tócalos con una sonrisa alegre.

Buddha

El juego entre la luz y la oscuridad durante las fiestas del invierno es algo muy profundo. Las fiestas navideñas celebran el nacimiento de una gran luz, aunque vivamos los días más oscuros de todo el año. Sin embargo, no importa lo oscuro que esté, física o mentalmente, la luz siempre regresa. Pero, ¿cómo regresa esa luz? Buda nos dice: "Encended la luz en vuestros propios corazones". ¿Cómo lo hacemos?

El poeta sufí Hafiz, otro gran ser, me ayuda a entender este proceso de iluminación cuando escribe: "Este es el momento de calcular con detalle la imposibilidad de que exista algo más que la Gracia. Este es el tiempo de saber que todo lo que haces es sagrado".

En otras palabras, cuando recordamos que nuestra verdadera naturaleza es divina, volvemos a encender la luz. Cuando me debato pensando en lo que estoy o no estoy haciendo, criticándome a mí misma, estoy en la oscuridad. Cuando despierto a mi naturaleza verdadera y actúo desde este reconocimiento, todos mis actos se hacen sagrados. Permito que brille mi propia luz y, en ese momento, puedo ofrecer algo a los demás. Para mí la Gracia es ese momento en que me reconecto con la luz interior, con la bondad interior. El invierno es un tiempo perfecto para recordar esta luz y hacer que se expanda.

🌿

¿Cómo enciendes tu propia luz? ¿Cómo la compartes con los demás? ¿Qué sucede cuándo te das cuenta de que todo lo que haces ya es sagrado?

Que estas contemplaciones te ayuden a llevar la luz y el amor, a ti y a tu mundo.

31

Eso que consideramos nuestra personalidad no es otra cosa que una colección de hábitos que nos impulsan hacia nuestro destino.

Bhante Bodhidhamma, *Buddhadharma Magazine*

Al encontrarme con esta cita en una revista actual, empecé a contemplar los hábitos y sus efectos en mi vida. Mi observación de los hábitos empezó con mi gato. Normalmente le doy de comer en el piso de arriba, pero alguna vez le dejo la comida en la planta baja. Se acerca a su plato, come un poco y luego lo deja como si no le gustara. Tan pronto le pongo el mismo plato con la misma comida en su sitio habitual arriba, come con entusiasmo. A mi me parece que su hábito no le deja saborear su rica comida.

Esto me llevó a preguntarme qué hábitos de mi mente no me permiten disfrutar de las cosas que me nutren en la vida. Por ejemplo, antes tenía una vida muy estructurada. Ahora tengo mucho tiempo sin obligaciones. Sin embargo, en vez de disfrutar del tiempo libre, empiezo a echar de menos estar tan ocupada como antes. El recuerdo de antiguos hábitos no me deja disfrutar del momento presente.

Igualmente inútil es aferrarme a mis opiniones habituales acerca de alguna persona o situación, siendo incapaz de reconocer que las cosas pueden haber cambiado.

A la vez, tengo el hábito de meditar cada día. Me ayuda a mantener mi enfoque en lo que aporta significado a mi vida. No puedo imaginar comenzar el día sin mi práctica de meditación. Como explica el filosofo griego Sócrates: "El alma, como el cuerpo, acepta con la práctica cualquier hábito que por nuestro deseo, le imponemos". Me pregunto si hay alguna diferencia entre la disciplina de la meditación y el hábito de la meditación.

ঞ

Te invito a contemplar tu propia vida a la luz de tus hábitos y tu disciplina. ¿Qué te ayuda a ser más libre y qué crea ataduras y te limita? Si es cierto -como propone la cita con la que empieza esta contemplación- que los hábitos son lo que nos conducen a nuestro destino, ¿hacia qué destino estás conduciendo tu vida? Tómate un tiempo para escribir tus descubrimientos en tu diario.

32.

Seguir de verdad el camino espiritual es morir a nuestras viejas rigideces, y poner patas arriba todas esas queridas opiniones y actitudes profundamente arraigadas desde hace tiempo ...es ver la realidad más allá de la ilusión ...desafiando la manera en que miramos todas las cosas.

Monks of New Skete, *In the Spirit of the Happiness*

A veces pienso que ponernos de buen humor es la cosa más espiritual que podemos hacer. El otro día llegué a esta conclusión tras vivir un fuerte enfrentamiento entre mi imaginación y la realidad.

En mi mente había creado una vívida escena de mi nieto recién nacido: recibiendo los cuidados cariñosos de sus padres, que estarían sentados tranquilamente, descansando y contemplando este nuevo milagro que había llegado a su vida. Incluso, dudé si llamar por miedo a perturbar ese momento tan íntimo y especial. Me senté a meditar para estar mejor preparada en el momento de mi llamada. Luego los llamé al móvil, para evitar que el timbre del teléfono de casa interrumpiera su calma.

Puedes hacerte una idea del "montaje" que me había creado. Cuando cogieron el teléfono, no oí más que el ruido y el caos de la calle. ¿Dónde estáis?, pregunté. Los padres y el recién nacido estaban en un restaurante, comiendo con otros familiares que acababan de llegar de fuera. Estaba claro que no era un momento oportuno para hablar y, cuando colgué, sentí como si algo en mi interior se hubiera roto.

Fue un momento en el que experimenté con total claridad que mi realidad estaba totalmente desconectada de la realidad de los demás. Fue como el golpe de la vara de un maestro zen en la espalda diciendo: ¡Despierta! También fue un momento profundo en el que tenía una elección. Podía culpar a los padres, para ocultar mi vergüenza, o aceptar la responsabilidad de mi propia ilusión.

Regresé a meditar, identificando cada pensamiento que aparecía y, simplemente, los tuve que dejar ir. Pude ver la realidad: padres jóvenes, llenos de energía, encantados de presentar al mundo a su nuevo hijo. Lo más importante fue que se abrió en mí un pequeño espacio y pude reírme de todo ello. El ego había sido pillado in fraganti y no tuvo más remedio que rendirse. Después de soltarlo todo, se abrió un enorme espacio en mi interior.

Las palabras de la cita para esta semana, expresan muy bien este proceso. Lo que se puso a prueba en mí, fue la ilusión de pensar que yo sé lo que es bueno para otros, o incluso la ilusión de que existe una forma correcta e incorrecta de hacer las cosas. En su lugar, podemos hacer una simple elección, momento a momento, ver qué es real y abrirnos totalmente a ello.

Si, durante la próxima, semana te encuentras en una situación en la que la realidad no se ajusta a tus expectativas, intenta explorar cómo puedes abrirte a algo nuevo. Permite que las cosas sean diferentes de lo que quieres o crees que sean y, durante el proceso, di adiós a tener la razón. Disfruta de las bendiciones que brotan de la flexibilidad.

33.

Cuando uno se hace mayor, se da cuenta de la futilidad de una vida malgastada en discusiones, cuando debería dedicarse por completo al amor.

Thomas Merton, *Follow the Ecstasy, the Hermitage Years of Thomas Merton*

Hace poco leí una biografía de Thomas Merton, con muchos maravillosos párrafos para contemplar. Merton escribió sobre muchos temas: el contentamiento, la rendición del ego, el compromiso con la vida interior y muchos más. Y aún así, como toda persona contemplativa, siempre vuelve a un único principio: el amor.

Me llamó mucho la atención cómo Merton contrasta amor con discusión. Nunca lo había pensado antes así, habiendo crecido en un ambiente en el que discutir era tan normal como respirar. Inmediatamente, pensé en la discusión mental que estaba teniendo con un querido amigo; en mi mente, le hablaba intentando hacerle cambiar. Esto no era precisamente quererlo tal y como es. Al leer las palabras de Merton, mentalmente rendí mis "armas" y reorienté mis pensamientos hacia las buenas cualidades de mis amigo... !por lo menos por un momento!

Es fácil encontrar argumentos para defender nuestras opiniones, puntos de vista, preferencias, cualquier cosa. La discusión puede ser en voz alta y directa, o sutil, convencidos de que la otra persona está equivocada.. Sea como sea, Merton afirma que la controversia se opone al amor.

La tradición védica habla sobre las distintas formas de discusión: *jalpa* es la discusión por obtener la victoria, para demostrar que alguien está equivocado; *vada*, es discutir por la verdad. Pero la mayoría de las veces, lo que consideramos ser verdadero, es tan solo nuestra opinión sobre algo. Perdemos de vista la verdad de la Unidad, cuando nos perdemos en la dualidad de lo correcto y lo erróneo.

☙

Te invito a trabajar con esta cita durante la semana entrante. Cundo se presente la tentación de discutir, ya sea interna o externamente, ¿podrás darte cuenta? ¿Qué pasaría si dejaras pasar la discusión? ¿Estás dispuesto a quedarte en el corazón y dejar que las cosas sean como son?

Estas otras palabras de Merton pueden servirte en tu contemplación: "El nivel más profundo de comunicación no es comunicación sino comunión. No se requieren palabras. Está más allá de las palabras, de los discursos, de los conceptos. No es que descubramos una nueva unidad, descubrimos una antigua unidad. Mis queridos hermanos, ya somos uno. Sin embargo imaginamos que no lo somos. Lo que tenemos que recobrar es nuestra unidad original. Lo que tenemos que ser es lo que somos".

34.

Mediante la práctica de la meditación, empezamos a darnos cuenta de que en nuestro interior no existen quejas fundamentales contra nada ni contra nadie en absoluto.

Chogyam Trungpa, Shambhala, *The Sacred Path of the Warrior*

Esta afirmación de Trungpa tiene cierto tono de provocación, ¿verdad? La mente dice: "¿Qué quieres decir con que no hay quejas? ¿qué me dices de éste o de aquél? ¿y su manera de actuar? ¿y qué hay de aquella otra persona?". Lo que resulta más provocador en la afirmación de Trungpa, es que es cierto, y que lo podemos comprobar por nosotros mismos.

Durante las últimas semanas, yo también lo he comprobado. Una mañana estaba quejándome mentalmente de las circunstancias de mi vida. Cuando me senté a meditar, conecté interiormente con mi corazón y con su paz inmensa. En ese estado tan dulce, surgió una revelación interior clara y lúcida: "este estado no puede verse disminuido ni tampoco aumentado por lo que ocurre. Este estado no tiene nada que ver con nada exterior a mí". Salí de la meditación impactada por la simplicidad de este reconocimiento. Conectarme con ese lugar del corazón durante la meditación, había eliminado totalmente cualquier queja. Mi vida era perfecta.

Desde ese momento, he estado cultivando la práctica de recordar. Cada vez que me doy cuenta de la existencia de una energía negativa, tomo nota mentalmente y, en la primera oportunidad, medito durante unos minutos para reconectarme con mi corazón. La experiencia de una "bondad básica", como Trungpa dice al referirse a nuestra naturaleza, continúa allí. No ha desaparecido y, de hecho, no puede desaparecer. Es lo que yo soy. Al reconectarnos con ese estado, las negatividades parecen un sueño, un velo. Al ponerme en contacto con mi propia quietud y observar como un testigo las quejas o pensamientos negativos, éstos pierden su poder.

Durante la próxima semana, te invito a trabajar con la práctica de la meditación como una forma de realinearte con la bondad básica del mundo. Tanto si practicas la meditación formalmente, o si simplemente practicas con un estado de atención en la naturaleza, permítete entrar en contacto con tu naturaleza básica y observa lo que ocurre con cualquier tipo de queja. Recuerda ser paciente y delicado, pase lo que pase.

35.

El mundo del rocío
es el mundo del rocío,
y aún así... y aún así.

Issa, *The Essential Haiku*

La semana pasada, me di un largo y solitario paseo por la cima de una elevada colina sobre el mar. Ahí en medio de los pastos y los campos de las granjas, no había ninguna señal de actividad humana. Al llegar a cierto lugar, la vista del océano hacia el horizonte era tan inmensa y despejada que podía verse la curvatura de la tierra. Me sentí transportada hacia un punto de observación en el espacio, mirando desde lo alto a la tierra. Pude verme como una partícula sobre el planeta. Sentí que mi estancia en este mundo era como una gota en la eternidad. Me reí al darme cuenta de la seriedad con que me tomo la vida, mis subidas y bajadas, y, al final, lo insignificantes que son desde una perspectiva más elevada.

No era una experiencia deprimente, sino una experiencia liberadora y de humildad. Las tradiciones espirituales de todo el mundo nos dicen que nuestra vida es un sueño o, en las palabras de Issa, "una gota de rocío". Sin embargo, también es muy real. A menudo lo experimentamos con mucha tristeza cuando estamos con alguien que está al final de sus días. Todo lo que parecía ser tan importante pasa a un segundo plano, comparado con lo pasajera que es la vida. Después, la vida empieza de nuevo con todo su ruido y furia.

¿Qué podemos hacer ante esta paradoja, con esta gota de rocío que es nuestra vida?

❧

Durante la siguiente semana te invito a explorar tu relación con la realidad de tu vida. ¿Cómo te inspiras de tu fuente de entusiasmo por la vida y, al mismo tiempo, recuerdas la fragilidad de la vida? He aquí una pista de otro sabio, Kahlil Gibran: "La imagen del sol matinal en una gota de rocío, no es inferior al sol. El reflejo de la vida en tu alma no es inferior a la vida".

36.

Si nuestro propósito es vivir una vida de compasión y de amor incondicional, entonces el mundo se convertirá en un jardín donde podrán crecer y florecer todo tipo de flores.

Elisabeth Kubler-Ross, *On Life After Death*

Estas últimas semanas me han proporcionado ocasiones interesantes para una profunda autoindagación. Me dije a mi misma que el propósito de mi vida era aprender a amar sin condiciones. No me di cuenta realmente de la enormidad de ese compromiso. En pocos días, empecé a darme cuenta de todas las ocasiones en las que hice lo contrario. En vez de ofrecer amor a la gente en mi vida, observé con consternación cómo juzgaba, criticaba y sin querer, alejaba a los demás. El sendero hacia el amor incondicional se me hizo mucho más complicado de lo que me había imaginado.

¿Por qué es tan difícil practicar el amor incondicional? Una razón es que el concepto que me formé inicialmente era muy limitado. Amor incondicional significaría querer a la gente que ya quiero, incondicionalmente. No permitiría que las pequeñeces afectaran mi amor por ellos. Rápidamente me di cuenta de que la práctica espiritual del amor incondicional incluía a todo el mundo: a la gente que no conocía muy bien, gente que me molestaba, gente que no estaba de acuerdo conmigo... y, a mi misma también.

¿Qué significa amar sin condiciones? No lo sé. Conozco la diferencia entre tener un corazón abierto o cerrado. También sé que mis pensamientos crean conceptos acerca de los demás que ocultan lo real. También sé que elijo mis pensamientos y que cuando los pensamientos desaparecen, puedo abrirme más plenamente a los demás. Aparte de esto, no sé más.

Así que mi conclusión es que quizás intento llegar demasiado alto de una vez. Ahora, estoy investigando cómo aprender sobre la amistad incondicional, que quizás me lleve más cerca del ideal, mientras tomo en consideración la realidad de quién soy.

Durante la siguiente semana te invito a contemplar lo que significa para ti el amor incondicional. ¿De qué formas ya lo practicas? ¿De qué formas ya lo recibes? Puede ser que esta práctica no sea muy realista y que simplemente quieras practicar con lo que significa ser humano. Eso es también una opción.

Al embarcarte en esta contemplación, ten en mente estas otras palabras de Kubler-Ross: "La lección final que todos tenemos que aprender es el amor incondicional, que incluye no sólo a los demás sino también a nosotros mismos". Quizás este sea el mejor lugar por donde empezar.

37

> *La capacidad para la paradoja es la medida de la fortaleza espiritual y la señal más segura de madurez.* Avanzar desde la oposición (siempre una disputa) a la paradoja (siempre sagrada) requiere un salto de conciencia.
>
> Robert Johnson, *Owning your Own Shadow*

El otro día hablaba con un amigo de que, según mi parecer, el propósito de mi vida está en cultivar el amor incondicional. Me respondió, y con razón, que podía haber mucho ego en una meta como esa. ¿Estaba ofreciendo amor a los demás para que mi yo pequeño, Laura, pudiera sentirse satisfecho, a gusto conmigo misma? La otra opción, me propuso, consistía en vaciarme, para disolver mi ser pequeño. Una vez disuelto el ego, el amor incondicional surgiría por si mismo.

Aunque sus palabras eran convincentes, me dejaron inquieta. Mi experiencia era que al cultivar el amor incondicional, estaba eliminando el sufrimiento innecesario para mí y los demás. A la vez, era obvio que mi yo pequeño estaba lejos de desaparecer. Seguí contemplando la pregunta: ¿cómo he de practicar? Y, tengo que admitir, que también estaba aferrada a la idea de bueno y malo, uno de los dos tendría la razón .... una señal inequívoca de que el yo pequeño era el que estaba guiando esta exploración.

Para mi sorpresa, ambos dilemas se resolvieron

cuando comencé a leer un comentario sobre *El Sutra del Corazón*. El sutra comienza con el descubrimiento de que todo está vacío (de existencia inherente, permanente e independiente). Shariputra, discípulo del Buda, pregunta: "Entonces ¿cómo hemos de practicar?" La respuesta que ofrece el sutra es digna de un profundo estudio: "La forma es el vacío; el vacío también es forma. La forma no es diferente del vacío, el vacío no es diferente de la forma".

El *Sutra del Corazón* presenta la paradoja espiritual final. A la vez que consideramos que todo nace del "vacío" (o del espacio de la conciencia), tenemos que relacionarnos, aún así, con todo lo que se va manifestando. Aunque yo disuelva mi ego (forma) y repose en mi propia naturaleza esencial (vacío, espacio), puedo seguir relacionándome con el mundo y todos los que me rodean, con amor incondicional.

Lo que destaca para mí en este proceso es aprender cómo enfrentarme a las diferencias, en vez de deshacerme de ellas. Gracias a una interacción con un punto de vista diferente al mío, mi práctica salió fortalecida.

Durante la próxima semana, te invito a practicar escuchando lo que te dice tu propia alma, a la vez que también escuchas a los que te rodean. ¿Puedes descubrir la verdad en otros puntos de vista, sin abandonar lo que resulta ser cierto para ti? ¿Cómo manejas la paradoja?

38.

Nuestro anhelo, si nos atrevemos a seguirlo hasta el final, es lo que nos descoloca hasta que encontramos el sol, la luna y las estrellas en nuestro interior.

Peter and Maria Kingsley, *Parabola Magazine*

El otro día, repasando mi vida actual, me di cuenta de que por fuera parecía ser una vida bastante llena y completa. Pero había una profunda sensación de que algo faltaba. Lo sentía como un descontento, como si mi alma estuviera anhelando algo desconocido. Mientras contemplaba cómo podía cambiar mi vida, se me ocurrió leer la edición más reciente de la revista *Parabola Magazine*. El tema era "Ausencia y Anhelo". Me invadió el reconocimiento de que la sensación de descontento era la llamada de mi alma buscando la unión. No había nada malo en mi vida, nada que necesitara arreglarse. Se trataba más de reconocer el anhelo que está detrás de todas mis experiencias de lo incompleto.

Lo curioso es que nada en mi vida cambió; aún estaba esa sensación de que algo faltaba, pero ahora, ese sentimiento se había convertido en una alegría para mi, algo que me recordaba que el contexto de mi vida era la búsqueda de lo divino, *la Naturaleza de Buda*, el Ser. Como escribió una vez el poeta Kabir: "Dios está en tu búsqueda".

En muchas tradiciones espirituales, el anhelo por la unión, por la iluminación, se considera como una parte esencial del camino. En la filosofía india de Vedanta, *mumukshutva*, el anhelo por la liberación, es un requisito antes de comenzar el camino espiritual. Sin el anhelo de lograr el objetivo, no tenemos el incentivo para seguir caminando. En mi caso, siento al anhelo como una llama interna que ilumina el camino. Sin ella, todo parece oscuro.

꧂

Durante la próxima semana, si te encuentras sintiendo que algo te falta, en vez de intentar arreglarlo directamente, intenta identificar al anhelo más profundo que pueda estar por debajo de ese sentimiento. Observa si puedes quedarte en ese anhelo y dejar que te lleve donde quiera.

39.

Ven, únete a los valientes que no tienen otra elección más que apostar su mundo entero a que, de verdad, de verdad, Dios es real.

Hafiz, *I Heard God Laughing*

¿Qué quiere decir el poeta sufí Hafiz con "apostar su mundo entero"? y ¿qué significa "Dios es real"? Es asombroso cómo un verso de un poema puede proponer tantas posibilidades.

Dios, es una palabra que puede hacer que mucha gente deje incluso de seguir leyendo esto. Sin embargo, hace poco leí una manera de describir a Dios como "aquello que crees es el principio más elevado del universo". Todos creemos en algo. Podemos ser materialistas y creer que el mundo físico es el principio y el fin, en cuyo caso nuestro Dios es material. O podríamos creer en el vacío, como en la tradición budista y el vacío se convierte en nuestro Dios. Para los sufíes, Dios es amor, y creo que Hafiz está apuntando al hecho de que, no importa en lo que creas, al creer, lo haces por encima de todo. Pero ¿cómo sabemos que nuestro "Dios" es real?

Una manera de saberlo es cuando nuestro "Dios" es puesto a prueba en nuestra vida. Hace dos semanas, me ocurrió algo repentino e inesperado: mi querido gato perdió la vida. Yo estaba triste, desolada y desconsolada. Al mismo tiempo, me sentía rodeada de un amor puro, de la presencia de lo divino. Sabía, sin ninguna duda, que existía un poder más grande que la vida y la muerte, que lo bueno y lo malo; la mano benevolente del universo que volvía a poner mi mundo en su sitio. Mientras que, por un lado, lo que ocurrió no era algo que yo hubiera deseado, tenía la certeza profunda de que aquello era para el bien de todos. En aquel momento, hubiera podido apostar todo mi mundo a que, verdaderamente, Dios es real, el amor es real. Fue un momento de valentía, haber escogido la perspectiva más elevada de ver las cosas, a pesar de la tristeza.

La contemplación de esta semana es trabajar con las palabras de Hafiz. ¿En qué crees tú? ¿Cómo sabes que es real? ¿Y cómo afecta a tu vida ese conocimiento? Que esta contemplación te revele la benevolencia que verdaderamente subyace en el corazón de este mundo.

40.

Ama los animales, ama las plantas, ámalo todo. Si amas todo, percibirás el divino misterio en las cosas. Una vez que lo percibas, comenzarás a comprenderlo mejor cada día. Y llegarás a amar al mundo entero con un amor que lo abarca todo.

Fyodor Dostoyevsky, *The Brothers Karamazov*

Este fin de semana, me sumergí en la práctica de *metta* o amabilidad con amor. Descubrí que se requiere práctica y esfuerzo para amarlo todo, comenzando por uno mismo. Aunque nacemos con corazones abiertos y amorosos, en algún momento, comenzamos a amar unas cosas y no otras, a amar a algunas personas y no a otras. Y, lo peor de todo, a veces nos olvidamos de amarnos a nosotros mismos. Realmente se requiere esfuerzo para dejar este hábito y tener un corazón genuinamente abierto.

La práctica del *metta* es muy sencilla. Hay muchos libros sobre el tema, pero la base consiste en tener buenos deseos hacia uno mismo y hacia los demás con pensamientos tales como: "Te deseo que seas feliz. Te deseo que tengas salud. Te deseo que estés a salvo. Te deseo que estés a gusto". Al dirigir estos pensamientos hacia mi misma, hacia la gente que me rodea, incluso a la mosca que zumbaba alrededor de mi cabeza, estaba reemplazando antiguos patrones de pensamiento con otros nuevos. Me sentí mucho más ligera y abierta tras sumergirme todo el día en estos pensamientos de amor y amabilidad.

Te invito a explorar, durante la próxima semana, la práctica de enviar pensamientos amorosos hacia ti y hacia los demás; quizás quieras hacerlo al principio o al final de tu meditación. Incluso, si con esto no te sientes diferente, la práctica de tener pensamientos amables es realmente beneficiosa. ¡Te deseo que seas feliz, que te sientas a salvo, con salud y a gusto!

41

En lugar de intentar verlo todo
a través del prisma de la mente,
deja que los rayos brillantes
del ojo del corazón
reflejen todo con sus verdaderos colores.

Gurumayi Chidvilasananda, "Through the Eye of the Heart" *Smile, Smile, Smile! Poems*

Al revisar las notas de las últimas semanas en mi diario, vi que el tema recurrente es cómo mantenerme presente, en contacto con mi cuerpo, mi energía y mi corazón. De nuevo me asombra la facilidad con la que pierdo estas delicadas conexiones y cómo paso tanto tiempo perdida en el "prisma de la mente".

El otro día estaba totalmente inmersa envolviendo regalos y decidiendo qué regalo dar a cada quien. Me quedé estancada pensando cuál sería el regalo perfecto para uno de mis amigos más queridos, dándole vueltas una y otra vez. En plena época de celebración, ahí estaba yo desenterrando antiguos resentimientos hacia esta persona. Llena de frustración, decidí irme a dar un paseo por el campo cerca de mi casa. No había ido por allí en varias semanas.

Cuando llegué a lo alto de la cima, miré hacia atrás para ver las colinas verdes que reflejaban los últimos rayos de luz dorada del sol. Había un grupo de vacas desperdigadas en la granja de enfrente. A la vista estaban las colinas onduladas que se expandían hacia el horizonte. Una tierra verde y bendecida. "Esta es mi Irlanda", me dije. "Esta es mi Nueva Zelanda. Este es el deseo de mi corazón, buscado por todos sitios. Aquí está, a mis pies".

Sentí como si despertara de un sueño. Estaba completamente presente, con todos mis sentidos vivamente despiertos. ¿Dónde había estado y qué había estado haciendo para estar demasiado ocupada como para caminar por este maravilloso sendero en el campo? Todo lo que podía querer estaba aquí, en este momento presente y, sin embargo, tiendo a irme tan lejos, si no físicamente, sí mentalmente.

Miré hacia el cielo y vi dos mirlos que volaban muy alto, en la misma corriente de aire. Volaban juntos pero separados, cada cual dejando su propio rastro en el cielo. Después de un rato desaparecieron de mi vista. Pensé en mi amigo y en el regalo que me estaba dando tanto en qué pensar, y mi corazón se ablandó. La generosidad, el amor y el perdón surgieron. Volví a casa sin más confusión mental, profundamente en paz conmigo misma.

¿Qué se requiere para mantener el amor vivo? ¿Realmente es tan difícil mantener el corazón abierto y tierno, permanecer enamorado del mundo y de las personas que lo habitan? ¿O, es solo la mente la que hace que parezca difícil?

*

Durante una temporada de mucha actividad, quizá esta pueda ser una contemplación constante: ¿Estoy presente ahora, en contacto con mi corazón, o estoy perdido en mi mente? ¿Soy consciente del cuerpo? ¿Están mis sentidos percibiendo el mundo? ¿Puedo sentir el amor que existe en mi propio corazón? Que esta contemplación llene tu semana de dicha infinita.

42

No podemos quedarnos en casa toda la vida; hemos de presentarnos al mundo y mirarlo como una aventura.

Beatrix Potter, *Miss Potter*

Imagínate tener el valor suficiente como para vivir la vida de tus sueños, sin importar lo que la sociedad o tu cultura te dicten. Beatriz Potter, que vivió en la Inglaterra del 1800, fue una artista que dejó a un lado las expectativas que se tenían de ella y vivió el mundo que ella eligió. Dibujó con todo el corazón lo que su corazón veía y el resultado ha deleitado a muchos niños durante más de cien años.

Lo que más llama mi atención es la idea de ver la vida como una aventura. Para mi esto significa no saber lo que ocurrirá a la vuelta de la esquina. O, tal como lo expresarían los maestros zen, vivir con "simplemente no saber". Vivir, no con miedo a lo desconocido, sino disfrutando con ello. No sabemos en qué acabarán todos nuestros esfuerzos en cualquier ámbito de nuestra vida. Sin embargo, verlo como una aventura, nos ayuda a dar el siguiente paso y el siguiente y el siguiente.

Cuando empecé a trabajar en este libro de contemplaciones, me di cuenta de que no tenía ni idea de dónde me llevaría. ¿Lo publicaría? ¿A dónde me conduciría en mi vida laboral? Y, lo más importante, ¿estaba dispuesta a salir al mundo y decir: "Esta es la persona que soy y así es como vivo"? Estas preguntas me llevaron finalmente a ver la necesidad espiritual de reafirmarme en mi propia valía, sin buscar en otros su aprobación.

❧

Durante la próxima semana te invito a que reflexiones sobre el valor que necesitas para presentarte al mundo tal y como eres de verdad. ¿Cómo ves lo de "salir al mundo"? ¿Cómo puedes expresar tu propio asombro y gratitud por la aventura de la vida?

Que el mundo se beneficie del esplendor de tu presencia.

43.

*Adentrarse en la oscuridad con una luz
es conocer la luz.
Para conocer la oscuridad, ve a oscuras.
Anda sin ver...
y aprende que la oscuridad, también
florece y canta,
y es transitada por pies oscuros y alas oscuras.*

Wendell Berry, *Collected Poems*

Diciembre, cuando gran parte del mundo se prepara para celebraciones externas, es también un tiempo para la celebración y reflexión interior. Es fascinante ver cómo esto lo sabemos intuitivamente, si no conscientemente. Una amiga me contó que había estado revisando las notas sobre sus sueños, mirando lo que había aprendido. Otro amigo me comentó que sólo tenía ganas de descansar y meditar, y que no tenía mucha energía hacia el exterior.

En el solsticio de invierno, la oscuridad de los días y las noches, crea una cierta santidad que favorece esta necesidad de reflexión. La semana pasada, espontáneamente, saqué mis diarios de los últimos trece años para revisar su contenido. Me encanta mirar la puesta de sol temprano, tomándome una taza de sopa caliente cerca de la chimenea y, después, ir leyendo despacio alguno de esos viejos diarios y ver qué ha cambiado y qué sigue igual en mi vida.

En una celebración de adviento a la que asistí, alguien describió esta estación como la estación de la espera. También se refirió a esta estación como el anuncio del nacimiento y de la muerte, diciendo: "Siempre hay algo que está muriendo y algo que está naciendo en cada uno de nosotros. Lo importante es lo que hacemos con ello".

※

Mientras nos preparamos para las celebraciones externas, te invito a prepararte interiormente para lo que está esperando a nacer y lo que pueda estar muriendo: viejos hábitos, tendencias mentales superadas. ¿En qué medida te has sentido impulsado a responder a la llamada de la naturaleza y de esa energía que nos invita hacia dentro, a entrar en la oscuridad?

La meditación puede ser, en esta época, una fuerza poderosa, mientras despejas la mente de pensamientos y observas lo que surge. Si te puedes dar permiso para estar tranquilo durante esta estación del solsticio, podrías descubrir que lo externo y lo interno empiezan a resonar conjuntamente. "Aprende que la oscuridad, también florece y canta".

44

La iluminación no consiste en imaginar figuras de luz sino en hacer consciente la oscuridad.

Carl Jung

El viernes me desperté y encendí leña para el fuego de la estufa, como siempre. Me di un baño con agua caliente, como siempre. Me serví una taza de mi té verde favorito, como siempre y, como siempre, encendí mi ordenador para escribir unas notas.

Sin embargo, ninguna de estas actividades de costumbre alivió mi estado emocional, decaído y pesado. La única diferencia en mi rutina diaria era que había pasado 24 horas sin luz a causa de una tormenta de invierno.

Mientras me tomaba el té, intenté recuperar racionalmente la sensación de ligereza en el corazón. En realidad, casi no echaba de menos la electricidad. Claro que podía vivir sin leer el correo electrónico por un día; de hecho podía convertir la ocasión en un retiro, me dije.

Ah, pero la mente quejosa seguía ahí. ¿Sería porque no era yo quien había elegido estar sin luz? Pero tampoco elijo millones de cosas que me pasan a mí y a mi alrededor todos los días, como el semáforo que cambia de verde a rojo o el amanecer del sol.

Y a pesar de todo mi análisis de la situación, no lograba despertar en mi mente un estado más iluminado. Por la tarde, me llamó una amiga desde el otro lado del país. Al escuchar mi estado mental, me aconsejó: "No pases otra noche a solas en la casa. Quédate con amigos".

Sus palabras me hicieron despertar y ver el verdadero origen de mi estado mental: estaba sintiéndome vulnerable y sola. Tan pronto como admití cómo me sentía, mi estado de ánimo se hizo más ligero. Poco después me llamó un amigo para invitarme a su casa, y luego llamaron otros amigos para decirme que querían venir a la mía. La noche, que en principio parecía deprimente, empezó a parecerse a una fiesta.

Lo que descubrí con esta experiencia es que en vez de filosofar o racionalizar sobre las circunstancias externas, tengo que encarar mis emociones de forma directa. Es tan fácil echarle la culpa a lo que sucede externamente en lugar de mirar hacia dentro. Un estado mental oscuro o no examinado es mucho más amenazador que una casa a oscuras. La salida, como dijo Jung, está en meterse en la oscuridad, y verla tal y como es.

La próxima vez que surja algo externo que turbe tu estado mental, pregúntate si hay alguna forma de lograr un poco de distancia. ¿Eres capaz de verlo tal y cómo es y de encontrar el origen interno de lo que te incomoda, sin añadir un dramatismo innecesario? Como decía Bodhidharma, el patriarca chino del Zen:"No crear ilusiones es iluminación". He aquí una gran práctica.

¡Que tu contemplación esté llena de luz!

45.

El amor no busca salirse con la suya; al amor no se le irrita fácilmente, no está ansioso por sospechar algo malo... lo tolera todo, lo cree todo, tiene esperanza en todo, lo soporta todo.

San Pablo

Recientemente, en un curso llamado "Armonía con los caballos", cuando me estaba acercando a un caballo para interaccionar con él, el caballo se retiró. Mi primera reacción fue pensar que no quería jugar conmigo. El entrenador dijo: "¿Cómo sabes lo que está pensando el caballo? Hacemos tantas suposiciones. Asumimos que sabemos lo que la gente piensa desde la otra parte del mundo". Me di cuenta de que me había pensado mal del caballo y de mi misma. Me hizo reflexionar sobre las suposiciones que hago en mis relaciones con otras personas.

En cada una de mis relaciones cercanas me puedo crear una historia sobre qué significa una acción en particular y actuar de acuerdo a lo asumido. No hace mucho, al no recibir contestación de una carta muy sincera que le había enviado a un amigo, pensé en lo peor. Asumí que me estaba juzgando y criticando. Gracias a que mi experiencia con el caballo era reciente en mi mente, pude soltar esos sentimientos y simplemente esperar y ver qué pasaba. Como supe más tarde, mi amigo había necesitado un tiempo para elaborar una respuesta adecuada. Lo que yo había asumido, fue producto de mi propia inseguridad. Siempre que me doy cuenta de algo así, es mejor olvidarme de mis suposiciones. Cuánto mejor es descansar en un estado de amor, creyendo y esperando que sucederá lo mejor.

Otra amiga me contaba que, después de no saber nada de uno de sus clientes durante semanas, dio por supuesto que el cliente no estaba contento con su trabajo. Lo que había ocurrido fue que el cliente tenía una fe total en mi amiga y se había ido de vacaciones, seguro de que el trabajo se terminaría tal y como era necesario.

Durante la próxima semana, te invito a probar algo diferente. Cuando algo inesperado o no deseado ocurra, intenta simplemente dejarlo estar. Sin historia. Sin juicios. Sin reacciones. Sólo como una observación: "Ah, ha ocurrido esto". Deja que tu corazón se relaje y asuma lo mejor. Observa lo que ocurre con el estado de tu mente cuando dejas que el amor prevalezca.

46.

No es un héroe aquel que derrota un poderoso ejército.
El verdadero héroe es aquél que cruza el océano conocido como la mente y los sentidos...
Tú eres tu propio amigo, tú eres tu propio enemigo.

El Yoga Vasistha

Hace falta valentía para reconocer nuestra bondad esencial. Y hace falta esfuerzo. El hábito de la mente de mirar nuestras propias faltas a través de una lupa, es difícil de vencer. Aunque el *Yoga Vasistha* fue escrito en la India hace cientos de años, todavía señala un hecho esencial de la vida: tenemos que lidiar con nuestra mente.

Pensé en una amiga que no se creía "lo suficientemente buena" y estaba dispuesta a tirar la toalla y dejar su empleo. Le resultaba muy fácil enumerar todo lo que no funcionaba. Le era tan difícil dejar a un lado los pensamientos negativos y reconocer sus grandes virtudes. Pero, en el instante que le recordaron sus grandes cualidades, pudo hacer una pausa, respirar y salir de ese estado. A veces necesitamos que alguien nos lo recuerde; a veces, nos los recordamos a nosotros mismos, a veces ocurren ambas cosas.

Mientras trabajaba en esta contemplación, me dijeron que alguien había publicado un libro para niños con los mismos temas con los que yo estaba trabajando. Me sentí muy frustrada y pensé: "No me he esforzado lo suficiente y no he terminado mi propio libro". Mi reacción inicial fue de autonegación. Luego pensé en las palabras de la cita y en mi propia bondad. ¿Podría ser lo bastante valiente para decir que todo ocurre para bien? Tras un breve instante de disgusto, me perdoné a mi misma y sencillamente dije: "Lo estoy haciendo lo mejor que puedo".

Llevando la contemplación a un nivel más profundo, me pregunté si podía mantenerme consciente de mi Ser superior de una forma tan completa, como para ser invulnerable a la decepción. Tengo un amigo a quien siempre se le ocurren ideas para nuevos negocios. Siempre que le digo que hay otro que ya está haciendo algo parecido, dice: "Excelente ¡Eso significa que es una buena idea!". Qué manera más maravillosa de mantener el contacto con nuestra propia bondad, sin sucumbir a nuestras dudas.

¿Quiénes son los auténticos héroes? ¿Son la gente cuyo único trabajo ahora mismo es hacer una guerra que no le gusta a nadie? ¿Podríamos parar la corriente de violencia contra los demás y contra nosotros mismos, tomando un instante para respirar y recordar nuestra naturaleza esencialmente buena?

༺༻

Para la próxima semana, conviértete en tu propio mejor amigo. En cualquier momento, en cualquier lugar, respira y recuerda tu propia bondad, tu propia naturaleza divina. Observa lo que sucede con el resto de tus pensamientos.

47.

La verdadera libertad sucede al tener confianza en la liberación de cualquier estado de pensamiento.

Tsoknyi Rinpoche, *Fearless Simplicity*

En su libro, el maestro Tibetano Tsoknyi Rinpoche, enseña la práctica del reposo no conceptual en la naturaleza pura de la mente: vacío y claridad. Una de las enseñanzas más inspiradoras que ofrece es una manera de enfocar la libertad y la liberación.

En su tradición tibetana, liberación significa permitir que los pensamientos o emociones surjan y se desvanezcan por sí mismos. La liberación es algo que sucede momento a momento, pensamiento a pensamiento. Al descansar en nuestro estado natural de tranquilidad, no alejando ni aferrándonos a las cosas, los pensamientos pueden, a menudo, liberarse a sí mismos o disolverse. La libertad surge del reconocimiento de que no tenemos que ser esclavos de nuestros pensamientos ni dejarnos atrapar por ellos. Tsoknyi Rinpoche explica que con frecuencia caminamos llevando por dentro un miedo sutil de nosotros mismos, una falta de confianza en nosotros. Una vez que conocemos que sí podemos liberarnos de las ataduras de los pensamientos, surge la libertad verdadera y la confianza.

La práctica de esto se basa en aprender a ver las cosas tal y como son, en vez de a través de los adornos que añade nuestro ego. Por ejemplo, esta semana tuve un huésped en mi casa. Cuando me encontré un día con una pila de ollas sin lavar en la cocina, mi mente empezó a juzgar, a irritarse, llena de negatividad hacia mi huésped. Volví mi atención hacia dentro, hacia el estado simple y natural de la mente. Desde este sitio pude observar simplemente: "Ah, mira, hay ollas sin lavar en la cocina". Cualquier otro comentario adicional era completamente innecesario y se disolvió. En ese momento era libre y no surgió ninguna otra acción. Y resultó perfecto, porque luego, cuando volví a entrar en la cocina, todas las ollas habían sido lavadas. Imagina si hubiera provocado una escena por culpa de una reacción automática ante mis pensamientos y emociones.

Como escribe Tsoknyi Rinpoche: "Las emociones tienen todo el derecho de aparecer y tú tienes todo el derecho de no aferrarte a ellas. No deberíamos intervenir en la libertad de la emoción ni en nuestro derecho a no ser influenciados y a no dejarnos llevar por la emoción. Si nos educamos de esta forma, nos convertimos... en gente flexible, sin miedo a nosotros mismos". Llegamos a ver que todo lo que asumimos como verdad, es simplemente una proyección o una danza de nuestra mente.

⁂

Quizás esto sea algo que puedas probar contigo mismo. Cuando surjan algunas emociones fuertes o pensamientos que te distraen, simplemente descansa en el estado de apertura y permite que ocurran, siendo consciente de lo que pasa. Al crear cierta distancia entre ti y los pensamientos que aparecen, quizás experimentes que se liberan por si solos". Disfruta de la libertad que surge en ese momento.

48.

Podrías llamar contentamiento a estar enamorado del momento; no simplemente aceptándolo por deber, como en un matrimonio concertado, sino abrazar con pasión y fruición el eterno ahora como tu alma gemela.

Robert Johnson. *Contentment*

El tema de indagación para esta semana se basa en un maravilloso libro de Robert Johnson titulado *Contentment* (Contentamiento). Describe dos aspectos del contentamiento o satisfacción: ser simplemente quienes somos y encontrar la satisfacción en nuestra vida tal y como es.

Johnson escribe: "El contentamiento solo se puede encontrar en el medio, en el punto donde no estás ni lleno ni vacío. Requiere que seas quien eres, ni más ni menos".

Después de leer estas palabras, empecé a observar las diferentes maneras en las que me dejo sentir inferior, o en las que enfatizo demasiado el ser especial. Esto puede ocurrir incluso durante la meditación. Al meditar, me puedo quejar de mi misma si siento que mi meditación es superficial o me felicito a mi misma si surge un estado maravilloso. ¿Qué es la meditación cuando no soy ni más ni menos que yo misma?

Johnson también escribe: "El contentamiento surge de las circunstancias de tu vida tal como la encuentras, en el lugar exacto en el que existes actualmente". Para mí, esto se traduce en no resistirme a lo que hay delante de mí, ya sea demasiada actividad o muy poca. En la ausencia de resistencia, la alegría parece surgir por sí misma.

No hace mucho tiempo, me encontraba tratando con una pequeña enfermedad que redujo temporalmente mi energía para cualquier actividad. En un principio esto me consternó. Más tarde, cuando me di cuenta de que la única manera de sanarme era descansar, comencé a disfrutar de la simple libertad de estar sin hacer nada. Me diseñé un pequeño retiro para escuchar grabaciones de meditación, escribir en mi diario y para dormir. El sentimiento de contentamiento fue muy sorprendente, ya que surgió a pesar de no encontrarme en un buen momento físicamente.

Durante la próxima semana, te invito a investigar el estado de contentamiento siendo quien eres, viviendo la vida que tienes en este momento. Es un reto que estoy encantada de aceptar. Espero que tú también.

49.

*O me das suficiente vino o me dejas en paz
Ahora que sé cómo es estar contigo en un
constante diálogo.*

Rumi, "Now That I Know How It Is," *Open Secret*

Conduciendo de vuelta a casa después de un retiro, contemplaba el tema de la iluminación. Puede que no sea algo en lo que piensas cada día. Me resulta difícil enfocarme en ello cuando estoy ocupada pagando facturas, preguntándome dónde vivir en el futuro o qué cocinar para la cena. Sin embargo, uno o dos días de retiro resulta la manera ideal de reenfocar nuestra mente.

Mi contemplación era: ¿Cómo sería el estado de iluminación? ¿Qué sería distinto para mí y para otras personas en mi vida? Aquí están algunos pensamientos que surgieron.

¿Realmente 'veo' a la gente con la que me relaciono, en especial aquellos más cercanos, a los más queridos para mí? Consideré una conversación que tuve con un amigo muy querido, y pensé en lo maravilloso que sería verle realmente como es, no como yo lo había creado. Muy a menudo, cuando conozco a alguien durante mucho tiempo, se congela en mi mente como una idea y me relaciono con esa idea. Iluminación para mí significa ver con claridad, momento a momento, sin la carga de ideas preconcebidas o patrones de conducta.

¿Estoy llevando el sentido de responsabilidad de mi vida como una carga o vivo la vida con ligereza, reconociendo que hay un poder divino dirigiendo lo que ocurre? Al pensar en cambiar de casa, me contraigo, a pesar de que cada cambio que he hecho siempre ha estado lleno de gracia. En un estado de iluminación, me encontraría en constante diálogo con ese poder no visto, tomando decisiones y actuando con claridad y facilidad.

¿Realmente experimento que mi verdadera naturaleza es libre, que está ya liberada o creo en esa pequeña manifestación que llamo Laura? Algunos días estoy atrapada en mis propios dramas. Otras veces, puedo ver mi vida como si fuera un gran juego. En un estado iluminado interpretaría el papel de Laura, sabiendo a la vez que no es real.

Como Rumi señala, ya sabemos lo que es estar "en constante diálogo". Sin embargo, me sirve de ayuda poner nombre a las conductas a las que aspiro, ya que me inspiran a seguir con mi práctica. ¿Son sólo conceptos? Quizás. Pero para mí, algunos conceptos pueden ayudarme a seguir hacia adelante. Entonces, como la barca que te cruza el río, pueden abandonarse al llegar a la otra orilla.

Te ofrezco esta contemplación: ¿Qué significa iluminación o auto-realización para ti? ¿Qué sería estar en diálogo constante con lo Divino? ¿Qué prácticas realizas para estar más cerca de quien realmente eres?

50.

El pensamiento de uno es su mundo. Lo que la persona piensa es en lo que se convierte. Ese es el eterno misterio.

The Maitri Upanishad

El domingo, el último partido de la Copa del Mundo de Fútbol terminó en empate y se alargó el juego. Un solo gol de penalti separaba al equipo ganador del segundo, después de más de cien reñidos minutos de un gran fútbol. Uno de los equipos estaba en éxtasis, el otro sentía la agonía de la derrota. Se podía ver en sus caras. Pero podía haber sido fácilmente al revés. Al final, aunque se podía decir que todo se decidió por un gol, también era cuestión de un pensamiento: "soy un ganador" o "soy un perdedor". Cuando el pensamiento negativo prevalece, todos los pensamientos positivos se van por la ventana. ¿Qué fue de todos esos partidos ganados que llevaron al segundo equipo hasta la final? ¿Qué fue del increíble juego que desplegaron en ese último partido? Todo desapareció en cuestión de un segundo.

El poder de un pensamiento es tan increíble. No hace falta que perdamos la Copa del Mundo para darnos cuenta de cómo infravaloramos lo bueno que hay en nosotros. Por ejemplo, quizá estemos llevando una vida de auténtico servicio a los demás y, aún así, estemos plagados de dudas: ¿Por qué no estoy compitiendo por un trabajo de "alta presión" para ganar mucho más dinero? Un pensamiento puede ser la diferencia entre infravalorarnos, o saber, como dice el poeta místico del siglo XIV Hafiz, que "todo lo que tú haces es sagrado".

Durante la próxima semana, te invito a reconocer el poder del pensamiento para ayudarte a ganar confianza en tu vida diaria. En cualquier situación de tu vida diaria, si te encuentras atrapado por las dudas, observa si puedes encontrar un pensamiento positivo que te ayude a ser asertivo y elígelo por encima del millón de pensamientos negativos que surjan. Si nuestro mundo está hecho de pensamientos, ¿por qué no elegimos pensar bien?

51.

Aprende qué mora dentro del hombre, qué no le es dado y qué le guía en la vida.

Leo Tolstoy, *Walk in the Light*

En un corto relato de Leo Tolstoi, un ángel es enviado a la tierra con la condición de que solo puede regresar al cielo cuando aprenda las tres cosas mencionadas antes. Al contemplarlas, también pensé en la diferencia entre conocer la respuesta y experimentar la respuesta. Puede que esté de acuerdo con las respuestas que da Tolstoi, pero ¿provienen de mi experiencia la vida?

¿Qué mora dentro de una persona? Dicho de otra forma, ¿qué se percibe en la persona en las situaciones más duras? ¿Qué podemos ver cuando miramos bajo la superficie de una persona? Tolstoi dice: amor. ¿Podemos ver amor en cada persona que conocemos?

¿Lo que no le es dado? Quizá exista una mejor traducción del ruso. Podría decirse como : ¿Qué es lo que una persona nunca puede saber? Tolstoi dice:"No le es dado al hombre conocer sus propias necesidades". Pone el ejemplo de alguien que encarga un nuevo par de zapatos pero muere repentinamente. No sabemos cuándo nos llegará la muerte, así que realmente no sabemos lo que necesitaremos de un día al otro. Esto es una gran contemplación y práctica. ¿Cómo será vivir abiertos al "no-saber"?

¿*Qué es lo que guía a la persona en la vida?* Esta cuestión es la que más se corresponde con mi propia experiencia. Tolstoi dice: vivimos por amor. Para mí, incluso una práctica espiritual como la meditación se alimenta de amor. Sin amor, la meditación es seca, la vida es árida. ¿Cuál es tu experiencia?

Tolstoi concluye su relato con lo siguiente: "El que tiene amor está en Dios y Dios está en él, pues Dios es amor". Tenemos tantas definiciones de Dios. ¿Podría ser tan sencillo como eso?

Durante la semana próxima te invito a contemplar cada una de estas preguntas y quizás a comparar lo que descubras con las conclusiones de Tolstoi. Disfruta de la contemplación.

52.

Tú eres –todos nosotros somos– el amado del Amado y, en cada instante, en cada acontecer de tu vida, el Amado te murmura al oído exactamente lo que necesitas escuchar y saber.

Rumi, Light Upon Light

La semana pasada, en mi cumpleaños, un amigo me mandó un libro de los escritos de Rumi. Al leerlos, hice los siguientes apuntes en mi diario: "Imagina que soy una lámpara sin enchufar... y tú delicadamente coges el enchufe y lo pones de nuevo en la clavija, donde solía estar. Y voila... vuelvo a brillar nítidamente otra vez. Todo en mí se llena de luz y energía, empapado de amor. Leo una página tras otra del libro de Rumi, y me encuentro a Dios y al Amor, esperando. Y pienso... ¿dónde había estado yo? Días consumidos en continuas prácticas espirituales y búsquedas, y ninguna de ellas se acerca a esto: estar conectada de nuevo con mi corazón, con Dios, con misterio de la búsqueda, con el Amor".

¿Qué ocurrió? He ahí el misterio. Sin embargo, puedo decir que en las últimas semanas, mientras me esforzaba por responsabilizarme de mi vida, el hecho de ser "la amada del Amado" se perdió en algún lugar. He permanecido en compañía de mi mente, más que con mi corazón. Mi ego era el que estaba haciendo todo el esfuerzo. Leyendo a Rumi, todo el esfuerzo cesó. No estoy sola y nunca lo he estado. Todo lo que necesito me espera.

¿Cómo se traduce esto a la vida diaria? A modo de ejemplo: me había sentido infravalorada por una reciente oferta de trabajo. Sentí que no me apreciaban por lo que era, teniendo en cuenta el sueldo que me habían ofrecido. De hecho, no hay ninguna suma de dinero que pueda comprar lo que verdaderamente soy - la amada del Amado. Tal y como uno de mis mentores me había señalado, si sé de verdad que no tengo precio, entonces soy libre. Puedo aceptar menos dinero porque eso es lo que se me ofrece, incluso sabiendo que valgo mucho más. O puedo rechazarlo, sin sentimientos de rencor, ya que eso no altera mi noción de lo que valgo. Estamos tan acostumbrados a basar nuestra valía en lo que dicen los demás. Sin embargo, cuando me pongo en compañía de Rumi, no hay nada en el mundo material que pueda disminuir mi valor. Soy la amada del Amado. Soy libre.

Te ofrezco las palabras de Rumi como una contemplación para esta semana. ¿Puedes reconectarte con el misterio de tu relación con lo Divino y, al hacerlo, dejar que las cosas sucedan? Rumi dice, "En este mundo y en todos los demás, todo ocurre por Su Voluntad y por propósitos ocultos en el Misterio. El Amor, y solo el Amor, te llevará al lugar sin lugar donde simplemente lo sabrás; y así, sonreirás interiormente y no temerás nunca más."

Bendiciones Finales

*De la oración "Buddhist Metta
(amabilidad con amor)"*

Ojalá que conozcas la felicidad
y la fuente de la felicidad
Ojalá que conozcas la paz,
como cada uno desea conocer la paz
Ojalá que estés libre del sufrimiento,
y que seas fuerte y saludable
Ojalá que te encuentres seguro y protegido
de la maldad interna y externa.

De la Oración India Universal

Ojalá que cada uno supere sus dificultades,
Ojalá que cada uno vea tan solo perspectivas auspiciosas
Ojalá que cada uno, en cualquier parte, sea contento.
Paz, Paz, Paz

BIBLIOGRAFÍA Y REFERENCIAS

Amiel, Henri Frédéric. *Amiel's Journal: The Journal Intime of Henri-Frédéric Amiel.* BiblioBazaar, 2006.

Aurelius, Marcus. *Meditations.* London, England: Penquin Books, Ltd, 2006.

Balsekar, Ramesh. *Duet of One: The Ashtavakra Gita Dialogue.* Redondo Beach, California: Advaita Press, 1989

Barks, Coleman, John Moyne. *Open Secret: Versions of Rumi.* Boston, Massachusetts: Shambhala Publications, 1989.

Barks, Coleman, John Moyne. *The Essential Rumi.* San Francisco, California: HarperCollins 1996.

Berry, Wendell. *Collected Poems.* North Point Press, 1987.

Berry, Wendell. *Hannah Coulter.* Shoemaker & Hoard, 2004.

Bodhidhamma, Bhante *Buddhadharma Magazine*, Spring, 2007

Chidvilasananda, Gurumayi. *Sadhana of the Heart, Volume I.* South Fallsburg, New York: SYDA Foundation, 2006.

Chidvilasananda, Gurumayi. "Through the Eye of the Heart." *Smile, Smile, Smile! Poems by.* South Fallsburg, New York: SYDA Foundation, 1999. Page 39. Translated by Carola Garcia. Reprinted with permission.

Chodron, Pema. *When Things Fall Apart: Heart Advice for Difficult Times.* Boston, Massachusetts: Shambhala Publications, 1997.

Collins, Billy. "On Turning Ten." *Sailing Alone Around the Room.* New York: Random House, Inc, 2001.

Dickinson, Emily. *The Complete Poems of Emily Dickinson.* Boston, Massachusetts: Little, Brown, and Company, 1960.

Dostoyevsky, Fyodor. *The Brothers Karamazov.* New York: Ferrar, Straus and Giroux, 1990.

Griffin, Howard John. *Follow the Ecstasy, the Hermitage Years of Thomas Merton.* Maryknoll, New York: Orbis Books, 1993.

Harvey, Andrew. *Light Upon Light: Inspirations from Rumi.* New York: Jeremy P. Tarcher/Penguin, 2004.

Hass, Robert, editor. *The Essential Haiku:Versions of Basho, Buson and Issa.* New York: Harper Collins, 1994.

Jampolsky, Gerald. *Love is Letting Go of Fear.* Berkeley, California: Celestial Arts, 1979.

Johnson, Robert, Jerry Ruhl. *Contentment A Way to True Happiness.* New York: Harper Collins, 2000.

Johnson, Robert. *Owning Your Own Shadow.* New York: Harper Collins, 1993.

Kabat-Zinn, Jon. *Full Catastrophe Living: Using the Wisdom of Your Body and Mind to Face Stress, Pain and Illness.* New York: Dell, 1990.

Kingsley, Peter and Maria. As Far As Longing Can Reach. (2006). *Parabola, Volume 31 (no. 2 Summer 2006)* p59.

Kongtrul, Dzigar. *It's Up to You: The Practice of Self-Reflection on the Buddhist Path.* Boston, Massachusetts: Shambhala Publications, 2005.

Kubler-Ross, Elisabeth. *On Life After Death.* Berkeley, California: Celestial Arts, 2008.

Ladinsky, Daniel. *I Heard God Laughing: Renderings of Hafiz.* Walnut Creek, CA: Sufism Reoriented, 1996.

Lao Tzu. *Tao Te Ching: A New English Version* translated by Stephen Mitchell. New York: Harper Perennial Classics, 2006.

May, Gerald. *The Awakened Heart: Opening Yourself to the Love You Need.* New York: Harper Collins, 1993.

Monks of New Skete. *In the Spirit of Happiness: A Books of Spiritual Wisdom.* Back Bay Books, 2001.

Muktananda, Swami. *De Lo Finito A Lo Finito.* Translated by Pedro Soriano. South Fallsburg, New York: SYDA Foundation, 1997. Page 440. Originally published as *From the Finite to the Infinite.* South Fallsburg, New York: SYDA Foundation, 1994. Reprinted with permission.

Muktananda, Swami. *Play of Consciousness: A Spiritual Autobiography.* South Fallsburg, New York: SYDA Foundation, 1994.

Nisargadatta, Mauric Frydman, translator. *I Am That: Talks with Sri Nisargadatta Maharaj.* India: Chetana Private, Ltd, 1999.

Prabhavananda, Swami, Christopher Isherwood. *Bhagavad Gita: The Song of God.* London, England: New American Library, 2002.

Prabhavananda, Swami, Frederick Manchester, translator. *The Upanishads: Breath of the Eternal.* New York: Signet, 1957.

Plato, Hugh Tedennick (trans). *The Last Days of Socrates.* London, England: Penguin, 1954.

Porter, Bill (translator). *The Heart Sutra (Prajnaparamita).* Shoemaker and Hoard, 2004.

Seng-Ts'an. *Hsin-Hsin Ming.* White Pine Press, 2001.

Tagore, Rabindranath. *Songs of Kabir.* York Beach, Maine: Samuel Weiser, Inc., 1995.

Tolstoy, Leo. *Walk in the Light and Twenty-three Tales.* Maryknoll, New York: Orbis Books, 2003.

Trungpa, Chogyam. *Shambhala: The Sacred Path of the Warrior.* Boston, Massachusetts: Shambhala Publications, 1984.

Trungpa, Chogyam. *Training the Mind and Cultivating Loving-Kindness.* Boston, Massachusetts: Shambhala Publications, 1993.

Tsoknyi Rinpoche. *Fearless Simplicity: The Dzogchen Way of Living Freely in a Complex World.* North Atlantic Books, 2003

Venkateshananda, Swami. *The Supreme Yoga: A Translation of the Yoga Vasishta.* India: Motilal Banarsidass, 2003.

ÍNDICE DE CITAS

A veces, también pude ver que el amor es una gran habitación con muchas puertas a las que estamos invitados a llamar y entrar....Wendell Berry p44

Adentrarse en la oscuridad con una luz es conocer la luz. Para conocer la oscuridad, ve a oscuras. Anda sin ver... y aprende que la oscuridad, también florece y canta, y es transitada por pies oscuros y alas oscuras. Wendell Berry p100

Ama los animales, ama las plantas, ámalo todo. Si amas todo, percibirás el divino misterio en las cosas. Una vez que lo percibas, comenzarás a comprenderlo mejor cada día. Y llegarás a amar al mundo entero con un amor que lo abarca todo. Fyodor Dostoyevsky p94

Aprende qué mora dentro del hombre, qué no le es dado y qué le guía en la vida. Leo Tolstoy p116

Aquel que uno ama siempre estará cerca. Si te has confiado en cuerpo y alma, no puede haber separación. Kabir p68

Cada día es un buen día Um-mon Zenji p16

Crees que te ganas la vida como sastre pero luego... Rumi p72

Cuando se requiera esfuerzo, el esfuerzo aparecerá. Cuando la ausencia de esfuerzo se vuelva esencial, se impondrá. No necesitas ir empujando a la vida. Nisargadatta p70

Cuando te contentes con ser simplemente quien eres, y no te compares, ni intentes competir, tendrás el respeto de todos. Lao Tzu p40

Cuando uno se hace mayor, se da cuenta de la futilidad de una vida malgastada en discusiones, cuando debería dedicarse por completo al amor. Thomas Merton p80

Date un baño de música una o dos veces por semana durante un tiempo, y descubrirás que esto es para el alma lo que el baño de agua es para el cuerpo. Oliver Wendell Holmes p18

Déjate llevar silenciosamente por la atracción más fuerte de aquello que realmente amas. Rumi p38

Dirige todas las culpas hacia uno. Atisha p58

El alma ha de permanecer siempre entreabierta, preparada para recibir la experiencia de éxtasis. Emily Dickinson p66

El amor no busca salirse con la suya; al amor no se le irrita fácilmente, no está ansioso por sospechar algo malo... lo tolera todo, lo cree todo, tiene esperanza en todo, lo soporta todo. San Pablo p104

El Camino es fácil para aquellos que no abrigan preferencias. Seng Ts'an p22

El miedo siempre distorsiona nuestra percepción y nos confunde sobre lo que está pasando. Amor es la total ausencia de miedo. Gerald Jampolsky p24

El mundo del rocío es el mundo del rocío, y aún así... y aún así. Issa p84

El pensamiento de uno es su mundo. Lo que la persona piensa es en lo que se convierte. Ese es el eterno misterio. The Maitri Upanishad p114

En lugar de intentar verlo todo a través del prisma de la mente, deja que los rayos brillantes del ojo del corazón reflejen todo con sus verdaderos colores. Gurumayi Chidvilasananda p96

Encended la luz de vuestros propios corazones y así, la llama crecerá e iluminará también el corazón de los demás. Dirige la luz del amor a los que están en la oscuridad y tócalos con una sonrisa alegre. Buddha p74

Eso que consideramos nuestra personalidad no es otra cosa que una colección de hábitos que nos impulsan hacia nuestro destino. Bhante Bodhidhamma p76

Estamos de paso en este planeta. Estamos aquí durante noventa o cien años como máximo. Durante ese tiempo, debemos intentar hacer algo bueno, algo útil con nuestra vida. Si contribuyes a la felicidad de los demás, encontrarás el objetivo verdadero, el significado real de la vida. Su Excelencia el XIV Dalai Lama p20

La capacidad para la paradoja es la medida de la fortaleza espiritual y la señal más segura de madurez. Avanzar desde la oposición (siempre una disputa) a la paradoja (siempre sagrada) requiere un salto de conciencia. Robert Johnson p88

La iluminación no consiste en imaginar figuras de luz sino en hacer consciente la oscuridad. Carl Jung p102

La meditación no está orientada a arreglar o mejorar el dolor. Va a lo más profundo, a la naturaleza del dolor, utilizándolo de manera que nos permita crecer. Jon Kabat-Zinn p48

La verdadera libertad sucede al tener confianza en la liberación de cualquier estado de pensamiento. Tsoknyi Rinpoche p108

Mediante la práctica de la meditación, empezamos a darnos cuenta de que en nuestro interior no existen quejas fundamentales contra nada ni contra nadie en absoluto. Chogyam Trungpa p82

Nada es tan fuerte como la delicadeza, nada tan delicado como la verdadera fuerza. San Francisco de Sales p34

No es un héroe aquel que derrota un poderoso ejército. El verdadero héroe es aquél que cruza el océano conocido como la mente y los sentidos...Tú eres tu propio amigo, tú eres tu propio enemigo. El Yoga Vasistha p106

No hay nada más bello y liberador que vivir con una dedicación consciente al amor. Gerald May p62

No podemos quedarnos en casa toda la vida; hemos de presentarnos al mundo y mirarlo como una aventura. Beatrix Potter p98

Nuestro anhelo, si nos atrevemos a seguirlo hasta el final, es lo que nos descoloca hasta que encontramos el sol, la luna y las estrellas en nuestro interior. Peter and Maria Kingsley p90

O me das suficiente vino o me dejas en paz Ahora que sé cómo es estar contigo en un constante diálogo. Rumi p112

Parece que fue ayer cuando pensaba que no había otra cosa bajo mi piel más que luz. Y que si tú me cortabas, yo brillaría. Pero ahora, cuando me caigo por las veredas de la vida, mis rodillas se arañan. Sangro. Billy Collins p30

Perdonar es la clave de la acción y de la libertad. Hannah Arendt p64

Podrías llamar contentamiento a estar enamorado del momento; no simplemente aceptándolo por deber, como en un matrimonio concertado, sino abrazar con pasión y fruición el eterno ahora como tu alma gemela. Robert Johnson p110

Por las mañanas escucho los sonidos del mundo; por las tardes escucho los sonidos del mundo. Robert Aitken p54

Se cómo puedes llegar a ponerte si no te has tomado un trago de manos del Amor. Hafiz p56

Seguir de verdad el camino espiritual es morir a nuestras viejas rigideces, y poner patas arriba todas esas queridas opiniones y actitudes profundamente arraigadas desde hace tiempo ...es ver la realidad más allá de la ilusión ...desafiando la manera en que miramos todas las cosas. Monks of New Skete p78

Serenidad significa no resistirse a la experiencia del momento presente. Ramesh Balsekar p60

Si nuestro propósito es vivir una vida de compasión y de amor incondicional, entonces el mundo se convertirá en un jardín donde podrán crecer y florecer todo tipo de flores. Elisabeth Kubler-Ross p86

Siempre hemos de cambiar, de renovar, de rejuvenecernos; si no, nos endurecemos. Goethe p50

Yo siempre vivo en ese estado: no soy este cuerpo, soy la Conciencia. Me pierdo a mí mismo en la conciencia de eso la mayor parte del tiempo. Puede ser que a veces me desvíe de esa conciencia, pero sé cómo volver a ella.
Swami Muktananda p53

Sin el ego como nuestro principal punto de referencia, la mente está abierta de forma natural, sin confusiones, y es capaz de disfrutar de todo sin juicios. Dzigar Kongtrul p42

Sin salir de tu casa, puedes llegar a conocer los caminos del mundo. Sin mirar por la ventana, puedes llegar a conocer los caminos del cielo. Lao Tzu p26

Solo recuerda: puedes soportar cualquier cosa que tu mente pueda hacer soportable, siempre que pongas tu interés en ello. Marco Aurelio p32

Tanto aquello que es placentero como aquello que es beneficioso se presentan ante el hombre. El sabio, habiendo examinado ambos, elige lo beneficioso ante lo placentero. Katha Upanishad p36

Tienes que inclinarte ante tus propios obstáculos y dificultades porque, si no, no sabrás de la libertad y la iluminación Dzigar Kongtrul Rinpoche p28

Tú eres –todos nosotros somos- el amado del Amado y, en cada instante, en cada acontecer de tu vida, el Amado te murmura al oído exactamente lo que necesitas escuchar y saber. Rumi p118

Un hombre sin vida interior es esclavo de su entorno, así como el barómetro es el sirviente obediente del aire en reposo y la veleta el sirviente humilde del aire en movimiento. Henri Frédéric Amiel p46

Ven, únete a los valientes que no tienen otra elección más que apostar su mundo entero a que, de verdad, de verdad, Dios es real. Hafiz p92

www.ingramcontent.com/pod-product-compliance
Lightning Source LLC
Chambersburg PA
CBHW072337300426
44109CB00042B/1660